ジョブ型雇用と採用戦略

小林 毅

はじめに

●企業は常に人材採用に苦労している

私は人材コンサルタントとして、求人企業の採用支援、求職者のキャリア支援、そして人材紹介事業者に対する企業コンサルタントとして活動しています。

２００６年から現在まで、採用の好景気と不景気を数多く経験してきました。

私が在籍していた外資系ヘッドハント会社は、法務人材を専門に取り扱うという、とてもニッチなターゲットでしたが、入社した２００６年は、外資系企業やベンチャー系企業を中心に多くの人材を取り扱い、とても好景気でした。

特に法務人材は、２００６年から始まった新司法試験制度の影響もあり、多くの人材が企業法務として今後活躍するだろうという予想もあり、各社優秀な人材の囲い込みに躍起になっていました。

それまでの日本企業は、商慣習の影響からか、東証一部上場企業であっても、自社内に法務担当を置いていないという企業が数多く存在しており、グローバル化の流れについていけないという大きな課題があったため、私が在籍していたヘッドハント会社にも多くの求人依頼が殺到していました。

●企業の問題点に対応できる人材がいない！

２００４年９月に発生したライブドア事件は人材不足を露呈した案件でした。当時、同社には法務部がなく、法的観点から社内でリスク管理を行う人材が不足していました。そのような課題を抱えた同社から、在籍していたヘッドハント会社へ、法務人材の採用の依頼が入ってきたのが２００７年でした。

しかしながら、当時訴訟などの渦中にあった同社への応募を希望する人材は皆無に等しく、多くの求職者から応募拒否されていました。求人案内だけで怒り出す人もおり、「泥舟には乗りたくない！」と電話を切られたこともありました。

しかし、同社はすでに短期での黒字化を達成していたことと、潤沢なキャッシュがあったため、私はそれを根拠に粘り強く人材の発掘を行い、同社の法務部設立に寄与することができました。

●人材にこだわる姿勢

そのように世間では厳しい評価を受けていたライブドア社でしたが、採用の姿勢は一貫しており、同社の採用基準に満たない人材は容赦なく落選させていました。せっかく苦労して応募にこぎつけた人材を簡単に落選させる姿勢には、正直勘弁してほしいと思うこともありましたが、採用にこだわる同社の姿勢は正しいと考え、求職者にも同様の案内をしていました。

そのこだわりの結果、「良い人材を採用すると、良い人材を呼ぶ」という相乗効果が発揮され、徐々に同社には優秀な人材が集まってきました。やがて同社はさまざまな過程を経てLINE株式会社へと成長し、現在では誰もが入社したい企業へと変貌しました。当時の評価と比べれば雲泥の差ではありますが、同社が人材にこだわった結果の果実であると感じています。

このような事例から、企業はしっかりとした採用基準を持ち、人材にこだわる姿勢を持つべきだと強く感じたのでした。

●人材難と人材過多は繰り返す

2020年3月より、新型コロナウイルスに端を発した経済不況がやってきました。それまでは、中小企業や地方の企業にとって、正社員を獲得することは絶望的ともいえる「超売り手市場」でしたが、高止まりしていた有効求人倍率も急降下し、途端に「買い手市場」の就業難へと変容してしまいました。

これは、2008年初頭からアメリカで始まったサブプライム問題を皮切りに、同年9月にはリーマン・ブラザーズが経営破綻した「リーマンショック」、2011年3月に起こった「東日本大震災」と並び、大きな採用不況となりました。

求人企業も激減し、非正規雇用を中心に多くの人材が仕事を失いました。また、新型コロナウイルスの世界的なパンデミックの影響で、国際交流が途絶え「鎖国状態」となったため、運輸、物流、旅行、宿泊、飲食そして製造業などへの打撃は大きく、これまでの働き方の価値観が180度変わってしまいました。

それまで年収1000万円以上を稼いでいたエリートサラリーマンだけでなく、低所得者にまで広がったこの採用不況では、収入ゼロとなる人が激増し、なかなか定職に就くことができない採用状況が続いています。

●人材を獲得する大きなチャンスが到来した!

1年前は「超売り手市場」による人材不足で、外国人労働者に頼らざるを得ない、という状況に追い込まれていた労働市場ですが、コロナ不況により、一気に人材過多となりました。

ある中小企業の採用担当者から、「それまで毎年3名の新卒工業高校出身者を採用していたが、今年は良い人材がいれば1名だけ採用したいという方針」、と聞かされました。その話を聞いたときに、私は大きな違和感を感じたのです。

今は不況といっても、日本の労働力人口が激減している事実は変わらず、出生率の低下も拍車をかけ、やがて景気の回復により、また人材不足となることは火を見るより明らかです。

その中小企業は、平均年齢も上がっており、若手人材確保は至上命題である、と1年前は話していたにも関わらず、不況のためにその若手人材確保を止めるというのです。これには大きな矛盾を感じざるを得ません。今は逆に若手を採用する、絶好のチャンスと考えるべきなのです。

●アフターコロナで変わっていく労働者意識

コロナ禍では人との接触を避ける、いわゆる「三密」回避が大きく報道されていました。濃厚接触を避けるため、自宅待機の状況が続き、テレワークが遂行されるようになりました。企業によってはフルタイムテレワークとなり、会議などもウェブで行われるようになりました。

ＩＴインフラも整備された環境下でのテレワークは、ストレスも感じず、むしろ通勤で失われた時間を仕事に回すことができ、労働生産性も向上したという人が増えてきました。通勤地獄が嘘のように解決され、テレワーク環境を求め、都心から郊外へ居を移す人が続出しています。

企業もテレワークにより、都心の高い賃貸料を払う意味を失い、パソナのように地方へ本社機能を移す動きが活発化しています。

そのような背景から、労働者意識も変容し、テレワークができる仕事を優先して探すようになってきました。当然ながら、今までの働き方を変えるという企業姿勢も求められ、旧態依然で変わることができない企業はやがて選ばれなくなっていきます。

経済産業省がまとめたレポートでも、テレワーク

表 0-1 職業ごとの雇用者割合と平均賃金

	人との接触が多い産業	それ以外の産業
リモートワークが可能な職業	23.7% 404.7万円	21.8% 479.4万円
リモートワークが難しい職業	25.9% 252.2万円	28.7% 386.5万円

出典：経済産業省

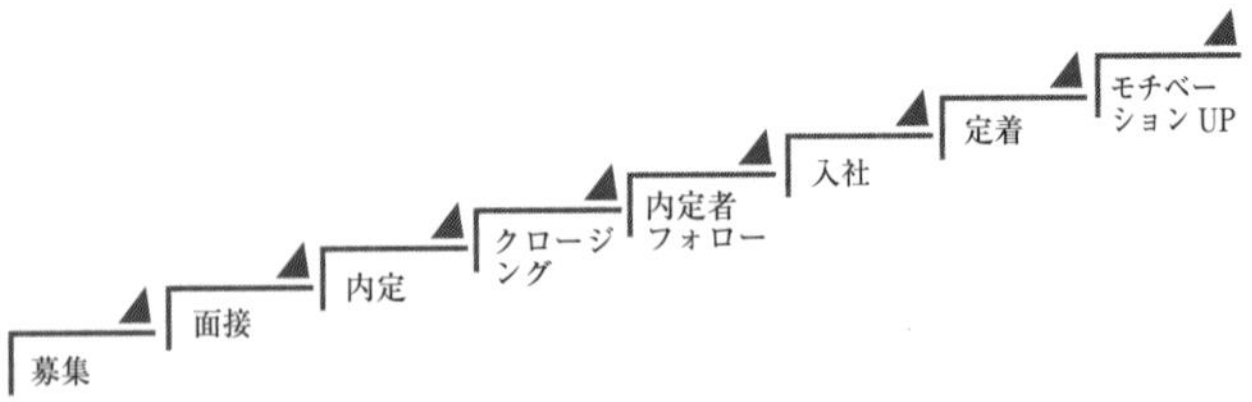

図 0-1　求人募集から定着率 UP まで

可能な職業と、不可である職業では年収も倍近く違うということがデータで証明されています（表0―1）。前述の企業のように若手人材の採用を止めていては、変化する労働者意識にキャッチアップできず、景気の回復とともに労働者を獲得することができなくなり、やがて消えていく運命となってしまいます。

コロナ禍以前は、後継者不足で廃業する企業が続出していた事実を思い返すべきです。

このように労働市場は、好景気・不景気に大きく左右されますが、戦略的に人材を確保する姿勢を持つことが、企業の成長戦略には欠かせない要素となります。

本書では、人材マーケットの概要を理解し、自社で活躍する「人材の確保」を実現できる方法をわかりやすく解説してまいります。企業を成長させるためには、有益な人材の確保は至上命題です。

そしてこの「貴重な人材」は、好・不況に関係なく奪い合いです。

●本書の構成について

本書は、人材確保に関する内容を体系的に網羅したものとなります。大きくは図0―1のような流れですが、①求人募集、②面接から採用、③採用後の定着率アップに分けています。

このような三つのカテゴリーで分けたとき、企業によって困っているステージは違ってくると思います。求人が集まらない、面接がうまくできない、内定者に逃げられる、競合他社に負けてしまう、人材が定着しないなど、皆さんの多くの悩みを本書で解決することができます。
良い人材の確保を実現し、皆さんの会社を成長させる一助となれば幸いです。

2021年1月

小林　毅

目次

第2章　募集活動前に自社で行うべき準備について整理する

第3章 求人票とJob Description

第6章 定着率アップで会社を成長させる方法

第1章　変容する労働環境を知り、人材マーケットを理解する

●採用に困っている企業の悩み

私は採用に困っている法人に向けて「人材採用セミナー」を約3年行っています。全国の商工会議所や法人会などに参加する企業に向けて、人材獲得のノウハウについてお話しさせていただいておりますが、採用に苦労されている企業の悩みはほぼ以下の三つに集約されます。

①求人募集しても応募がこない悩み
②面接がうまくできず、採用できない悩み
③せっかく採用しても定着しないという悩み

この三つを毎回セミナーの冒頭で参加者に質問しているのですが、その回答は、どこの企業、どの地域でもほぼ同じ傾向です。①の求人募集の悩みが一番多く、次いで③の人材が定着しない悩み、そして②の採用プロセスについての悩みとなっていますが、②の採用プロセスの悩みについては実はほぼ挙手がない状況です。

このことから企業は「求職者が応募してくれれば必ず採用できる」と考えているということがわ

かります。そのため、人材が獲得できない問題点は、求人募集と考え、応募者をいかに増やすかの手段を講じ、予算を投入していきます。

採用担当者は「求職者さえ応募してくれれば必ず採用できる」と考えているので、応募母数を多くしようと考えます。そのため、求人広告などを利用し、求人の露出度を高めようと努力しています。

しかしいくら求人広告を打っても、企業が欲しいと思う人材の応募がない状況が続いてしまいます。結果、採用に至らず、広告に費やした費用は無駄となり、時間も虚しく経過してしまう、そのような企業がとても多いのが現状です。

●労働市場から考える人材採用

２０２０年3月頃より、新型コロナウイルスを起因とする求人の低下が始まり、有効求人倍率も失業率も毎月どんどん悪化していく、いわゆるコロナショックが始まりました。コロナショック以前は、「超売り手市場」で、企業は正社員を獲得すること自体、絶望的になる状況にまで追い込まれていました。日本の人口減少とともに、労働力人口も減り続け、さらに出生率の低下も追い打ちをかけ、企業の若年層の採用は年々悪化していきました。

その証拠に、2019年の新卒採用は、若者の安定志向もあり、大手企業に応募が集中していました。空前の「超売り手市場」と呼ばれた就職戦線は、学生1人あたり4~5社内定を獲得する現象を引き起こしました。結果、従業員300名以下の中小企業では、1人の学生を獲得するためには、10社と競合しなければいけない状況、競争率10倍という現象となっていました。

それがコロナショックの影響で様相が一変し、「超売り手市場」が終了することになりました。企業は、これからは自分たちが有利となる、「買い手市場」がやってくると考えています。

コロナショックは多くの企業の業績を押し下げました。これは過去の不況、リーマンショックや東日本大震災と比べられるくらい大きなもので、新たな経済不況となっています。経済不況となれば、必然、人材採用にも影響が大きく「採用よりもリストラ」と考える企業が増えています。

●コロナショック以前は連絡が途絶える、「バブった求職者」で溢れていた

転職市場もコロナショック以前は、「超売り手市場」でした。当時は、各社人材確保に力を入れていた影響もあり、求職者が大変有利な状況が続いていました。特に30歳前後の経験ある若年層人材は引く手あまたで、多少経歴に疑問があったとしても、就業機会は多くありました。

その状況を逆手にとり、短期転職で自分の給与を上げていく、いわゆる「バブった求職者」が市場に溢れていきました。彼らの特徴は、１社あたりの在籍期間が極端に短いのですが、転職の度に条件が上がっていく「わらしべ長者的なキャリア」という現象を引き起こしていました。

例えば、私が出会った28歳男性は、総務部でファシリティ関係の仕事をしていましたが、わずか2年弱で年収を３５０万円から６５０万円へと引き上げていました。特に特出するスキルや経験もなく、大学もトップ校ではありません。ただ若いということのみが売りであった方で、私が出会ったときも、入社後半年でまた転職をしたい、という状況でした。

転職の動機は「転勤がある会社は嫌だ、東京から離れたくない」というもので、要望は「今よりも年収を上げ、残業がほぼなく、そして転勤のない会社」という、かなり都合がよいものでした。

このご都合主義の「バブった求職者」でも、企業は相手にしなければいけない状況でしたが、このような人材に限って、急に連絡が取れなくなるのです。おそらく、他社にてよい話が進んだと推測できますが、程度はあれ、このような「突然連絡が取れなくなる求職者」が続出していたのがコロナショック以前の「超売り手市場」でした。

この「バブった求職者」は今後かなり苦労すると思われますが、このような状況は、「超売り手市場による、求職者の勘違い」であったと考えられます。

●今度は「求人企業の勘違い」が始まる？

コロナショック以前の「超売り手市場による、不健全な転職マーケット」を経験した求人企業は、コロナ不況で「買い手市場」になったと考えています。「買い手市場」となれば、今度は企業側が求職者を選べる状況となります。そのため、企業が欲しい人材の採用基準を上げることができます。今まで採用に苦労していた反動で、今度は厳しい採用基準を設定し、それに満たない求職者は容赦なく落選させています。「待てば必ず良い人材が採れる」と考えているのです。

しかし、当の求人企業自体はコロナショック以前とまったく変わっていません。今まで通り、求職者に選ばれていなかった、「不人気企業」のままなのですが、そのことをすっかり忘れて、求職者を厳選しようとしているのです。

今度は「買い手市場による、求人企業の勘違い」が始まっているのです。

●健全化する転職マーケット

人材マーケットに15年携わっている私としては、現在は「買い手市場」ではなく、「健全な転職マーケット」になったと考えています。

コロナショック以前は、連絡をしても突然消える求職者に辟易していました。求人企業からも、面接にこない、内定を出したが、その後急に連絡が取れなくなった、という事例をたくさん伺っていました。求職者は自ら信用を失う行動をとっていたのですが、悪びれることもありませんでした。

しかしコロナショックとなった状況下では「超売り手市場」が終わったことは火を見るより明らかです。今まで転職を繰り返すことでキャリア形成を怠っていた「転職を舐めていたバブった求職者」は職を失っています。新たな就業機会を得ようとするも、汚れきった職務経歴書を見ると、どの企業も門前払いです。このような「転職を舐めていたバブった求職者」は転職マーケットから退場を余儀なくされているのです。

そのような背景から、私は「健全な転職マーケット」に戻ったと考えています。

●求人企業が忘れている、コロナショック以前の「労働市場」

「超売り手市場」が終わったとしても、忘れてはいけないのは、絶望的な日本の労働市場です。

日本の労働力人口は１９９８年をピークに減少し続け、２０１５年地点で２００万人減少しています。また、65歳以上が人口に占める割合が4人に1人（26・3％）となり、今は超高齢社会に突入しています。この勢いはとどまることを知らず、2030年には3人に1人（31・6％）が65歳となり、今後ますます労働人口は減り続けます。特に若年層（15～29歳）の人口は減り続け、2020年には1043万人となり、2030年には947万人となることが予想されています（表1―1）。

コロナショック以前の、このような状況に求人企業は採用に窮し、東京以外の郊外・地方都市では、もはや正社員を採用すること自体、考えられない状況でした。さらに追い打ちをかけるように、現在抱える従業員が高齢化することで、そのまま廃業へと向かっていく、いわゆる「人手不足倒産」が社会問題化していたのです。（表1―2、3）

そのような「人手不足状況」を鑑み、2019年4月に急遽成立させた「出入国管理及び難民認定法及び法務省設置法の一部を改正する法律」で新しい在留資格「特定技能」が成立し、一般労働者として外国人を受け入れることができるようになったことを忘れてはいけない

表 1-1　労働市場はなお売り手市場である！

65歳以上が人口に占める割合	若手人材（15～29歳）
▶7%　高齢化社会	▶2014年　1106万人
▶14%　高齢社会　（1994年）	▶2020年　1043万人　（△6%）
▶21%　超高齢社会　（2007年）	▶2030年　947万人　（△14%）

日本の人口は2019年に比べ、2020年には約50万人減少。
11年連続で減少し続け、減少幅も6年連続で広がっている！
（調査開始以降最大の落ち込み）

のです。

このような「慢性的な人材不足」は、経済の回復とともに再び求職者有利の「売り手市場」となっていくことは必定です。今は「買い手市場」でも、やがて人材確保に奔走し、将来を担える若手人材にプレミアを付けてでも採用したいと考えるようになるでしょう。「戦略なき採用計画」では、自社が求める人材の安定採用にはつながらないのです。

●人手不足と人材不足を定義する

ここで一度自社が欲しいと思う人材を定義してみましょう。貴社の問題は「人手不足」でしょうか、それとも「人材不足」でしょうか？

「人手不足」とは、企業がとにかく人手が足りてい

表 1-2　従業員が不足している企業の割合

年	正社員（%）	非正社員（%）
2016	37.9	24.9
2017	45.4	29.4
2018	50.9	33.0

出典：帝国データ「人不足に対する企業の動向調査」

表 1-3　人手不足倒産件数

	件数	理由
後継者不足型	269	代表者や幹部役員の退職・引退
求人型	76	人手確保が困難で事業継続に支障が生じた
人件費高騰型	30	賃金などの人件費のコストアップから収益悪化
従業員退職型	25	中堅社員の独立・転職

出典：東京商工リサーチ 2018 年度「人手不足」関連倒産

ない、という状態で、人の能力やスキルよりも、数にフォーカスした労働集約的な発想です。

一方「人材不足」は、企業の未来を担う、なくてはならない存在が不足している状態で、従業員の能力とスキル、人物などを重視する発想です。

今回のコロナ不況は、飲食、サービス、旅行、宿泊、医療、介護など労働集約型の業界が大きく打撃を受けており、人手不足を賄っていた人材、例えば、派遣社員やパート・アルバイト、契約社員などの非正規雇用で働く人たちが影響を受けています。

企業は変動費である非正規雇用をカットしました。正社員は、雇用調整助成金を活用し、雇用確保に尽力しました。コロナ不況で仕事を失ったのは、主にこの「人手不足」エリアにいる人たちです。自社の人材に関する課題を整理しておかないと、欲しい人材が誰なのか、という目的を見誤ってしまいます。

企業は人材の確保こそが命題で、それを疎かにしてしまうと、企業の未来がないというくらい、大きな問題なのです。

●完全失業率と有効求人倍率

ここで雇用指数について考えてみます。毎月月末に発表される「完全失業率」と「有効求人倍率」を検討したいと思います。

完全失業率は、労働力人口（15歳以上で働く意欲のある人）のうち、完全失業者（職がなく、求職活動をしている人）が占める割合で、雇用情勢を示す重要指数の一つですが、コロナショックの影響で悪化しています（図1−1）。

この数値の対象者は、「失業している人」です。しかし、転職マーケットで活動している人は、必ずしも「失業者」だけではなく、「働きながら転職活動をしている人」も数多く存在しています。むしろ、現職で活躍している人材のほうが、成功期待感を得やすく、「人材」として高く評価されています。

「有効求人倍率」は、有効求職者に対する有効求人数の割合で、雇用動向を示す重要な指数の一つとされています。全国のハローワークに寄せられる求職者、求人数をもとに算出されており、倍数が1を上回れば求職者の数よりも人を探している企業

図 1-1　完全失業率

数が多く、下回れば求職者のほうが多いことを示しています（図1―2）。

しかしこの数字も、「ハローワークに求人を出している企業」と「ハローワークに登録して仕事を探している人」が対象となります。要するに、「失業者」がほとんどです。

貴社が求めている人材が、この数字の対象となる人なのかという点はとても大きいと思います。この「失業率」と「有効求人倍率」は、日本の労働市場の事象を捉えることはできますが、求人企業によってはまったく意味のない数字でもあります。

皆さんの会社の課題が「人手不足」なのか、「人材不足」なのかで求める人材がどこにいるのかが見えてくるということです。

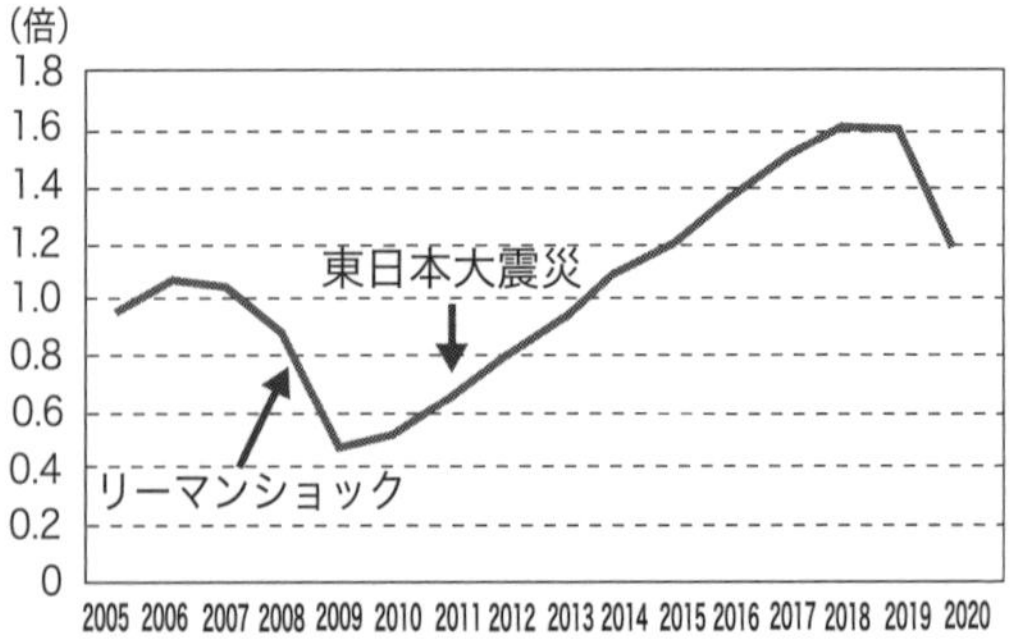

図 1-2　有効求人倍率

●コロナショックで起こる三つの現象、六つのトレンド

コロナショックで、私たちの働き方は大きく変容していきました。最も変わったのが「テレワー

ク」の導入です。多くの企業ではすでに制度として存在はしていましたが、コロナ禍において待ったなしとなりました。「緊急事態宣言」の発出で、多くの企業がほぼ強制的に自宅待機となったため、「テレワーク」は一気に認知されました。それまでは「オンライン会議はやりにくい」「オンラインミーティングはクライアントに失礼」などの先入観から、運用があまり進んでいませんでしたが、実際やってみると、思いの他ストレスなく仕事ができることがわかりました。むしろ、往復の通勤や移動にかけていた時間が大幅に節約され、仕事に対する取り組みが大きく変容しました。

企業によっては、「１００％テレワーク」「週３日テレワーク」など積極導入され、結果、通勤手当の支給を止める企業が続出しています。その影響もあり、ＪＲ東日本では終電の前倒しを行い、運賃の改定も予定されています。

今まで当たり前だった働き方が変わることで、アフターコロナの働き方を大きく意識した仕事選びが加速しています。

表 1-4　6 つのトレンド

① 接触回避	:	デジタル・オンライン化の加速
② 職住付近説	:	**地方移住・生活地選択の自由拡大** 労働市場のグローバル化
③ ギグ・エコノミー	:	デジタル技術を活用した新しい働き方 無人化・AI化の進展
④ 社会のリスク補完の必要性増大	:	**失業・貧困・高齢化** 保健衛生・インフラ対策
⑤ グローバリズムの修正	:	国家の役割増大と不十分なグローバルガバナンス
⑥ 社会通念・価値観の変容	:	危機時の集団対応力、持続可能や民主主義の在り方

出典：経済産業省資料

経済産業省の資料によると「コロナ後の六つのトレンド」が進むとされ、日本人の「労働に対する価値観」が180度変わっていくことが予想されています（表1―4）。

●テレワークができる仕事が選ばれる

8ページの表0―1は、人との接触が多い、多くない、リモートワークが可能な職業か、難しい職業かで、その年収を表したものです。リモートワークが可能で人との接触が多くない仕事と、リモートワークが難しく、人との接触が多い仕事では、ほぼ倍近い年収差があることがわかります。

求職者は、この数字をかなり意識しており、優秀な人材であれば間違いなく、テレワーク可能な仕事を選択することが予想されます。優秀な人材を確保するためには、自社にテレワーク制度がまったくないことは致命傷となるでしょう。

「我が社では構造上、テレワークが難しい」とまったく対策を講じない企業もありますが、そうなるともう思考停止です。改善を考えない企業には、今後「優秀な人材」は応募すらしないと考えるべきでしょう。

●メンバーシップ型雇用とジョブ型雇用

テレワークを本格導入している企業から、今後は「ジョブ型雇用」に切り替えるというニュースが世間を賑わせています。主だった企業は、日立製作所、資生堂、富士通、ＫＤＤＩなどで、その他多くの企業も追随することが予想されています。

伝統的な日本企業は、今までは社内で異動を繰り返し、キャリアを総合的に強くする「メンバーシップ型雇用」が主流でした。この制度は、いわゆる「社内スペシャリスト」を養成するためにはとても便利な評価制度で、社員の忠誠心も確保することができました。従業員は営業、人事、経理など異動を繰り返すことによって、幅広く社内の組織を知り、力を合わせて会社を成長させるという、「日本型雇用の典型」でした。

一方、仕事に対して価値観を置く考えが「ジョブ型雇用」となります。「ジョブ型雇用」は、従業員は仕事に対してコミットするため、基本的に、社内異動という概念はありません。もし異動を打診されたら、転職のきっかけとなるくらい大きな問題となります。自分の専門性を追求しているのに他部署へ移れということは、いわば「死刑宣告」を受けたようなものです。そのように「自分ブランドの追求」の基本にある働き方は、自分の価値を向上させるために非常に重要な要因となるのです。

以前より、グローバル競争が進み、新しいイノベーションが求められる転職マーケットでは、いわば村社会的で活躍の場が制限される「メンバーシップ型雇用」は弊害であるとされ、常に「ジョブ型雇用」への移行が問題提起されていました。しかしながら、変わりたくない抵抗勢力の影響も強く、なかなか舵を切れない状態が続いていました。

ところがこのコロナ禍における「テレワーク導入」が加速されるにつれ、「ジョブ型雇用」に強制的に移行せざるを得ない状況になりました。「ジョブ型雇用」では仕事の成果にフォーカスされるため、遠隔にいる社員管理に便利だからです。

●マネージャーの管理体制の変化

「ジョブ型雇用」が進むと、マネージャーのあり方も大きく変容していきます。今までは目に届く場所に部下がおり、管理もやりやすかったのですが、カメラの向こうにいる部下をどう管理していくのかが問われるのです。

常にパソコンの前でチェックするわけにもいきません。そのような管理では、マネージャーとしての成果を上げることができず、自分の上司からの評価が下がってしまいます。

遠隔で働く部下をどのように管理していくのかも含め、「ジョブ型雇用」を推進していくことは自然な流れです。その結果、１人の優秀なマネージャーが管理できる部下の数が増え、遠距離で働く人材も対象になるので、「ジョブ型雇用」が進めば、労働生産性の向上という効果も期待できます。同時に少ないマネージャーでの管理体制が構築できれば、人件費抑制にもつながるでしょう。

●窓際社員が可視化されーＤが与えられなくなる？

社内で会議をしていたときは、発言をしない社員も顔が見えるために大きな問題となっていませんでした。しかし、テレワークが進み、オンライン会議が常態化すると、会議に参加していない社員が可視化されるという現象が起こりました。

そのような仕事を持っていなかった「社内失業者」に対して、オンライン会議に必要なＩＤの発行を止めた企業が増えています。そのような「窓際社員」は、今後さらに厳しい状況になることが、コロナショック後の影響と考えられています。

一方、日本の法律では、解雇はかなり高い壁となっています。仕事ができないからといって、会社都合で解雇することは制限されています。「そんなの関係ない！」と法律無視で解雇を強行する会社もありますが、そうなると「社員に冷たいブラック企業」とたちまち認定されてしまい、人材が集まらない会社に成り下がってしまいます。

そうならないために今後は、「自社にとって良い人材を採用する努力」がとても大切になるのです。

これから「ジョブ型雇用」が進めば、「雇用の流動化」も進むことが予想されます。よって、新しい日本の雇用情勢を踏まえた「しっかりとした採用基準」を確立することが重要になってきます。

●転職マーケットはずっと「ジョブ型雇用」

ちなみに、転職マーケットは以前より「ジョブ型雇用」が当たり前でした。求人企業は「求人票」を作成し、自社が求める人材を募集するのが通例で、それはほぼ「ジョブ型雇用」の発想を軸としています。

中途採用の大きなマーケットは、「外資系企業」と「ベンチャー企業」です。この両者は、人材育成に投資する時間もお金も不足しているため、他社で育成された人材を確保することが基本的な発想となっています。

先に挙げた、日立製作所や富士通などの、いわば新卒重視の日の丸企業が「ジョブ型雇用」に進むと、中途採用に積極的になっていくことが予想されています。「ジョブ型雇用」は採用基準が明確になりますが、同時に、社員が転職しやすくなる制度でもあるのです。自社内で人材が他社へ流出することが当たり前となれば、さらに、中途採用にも力を入れざるを得ません。

「ジョブ型雇用」は雇用の流動化を生みますが、同時に、終身雇用の束縛から開放されることも意味します。今まで日本企業は、「リストラ」に非常に苦労していたのですが、その背景には「メンバーシップ型雇用」がありました。会社に忠誠を求め、都合よく配置換えをするこの人材管理では、社員は会社に見捨てられることを極端に恐れます。なぜなら、会社から見捨てられると、他社では通用しない人材だとわかっているからです。

一方、「ジョブ型雇用」は仕事にコミットするため、転職の機会は増えていきます。企業は「人材流出の危機」と「リストラしやすくなる環境を入手できる」というジレンマを抱えますが、グローバル経済下では「ジョブ型雇用」が当たり前なので、時代の流れであると受け入れる必要があります。

●優秀な外国人人材を採用したいならジョブ型雇用が必須

ちなみに、日本企業は優秀な外国人人材の確保ができないことで知られています。その背景は、「メンバーシップ雇用」にあるのは明らかでした。

私も職業柄多くの外国人求職者と出会いますが、優秀であればあるほど、日本企業の「メンバーシップ型雇用」を受け入れられないと言っています。会社のために自分の成長と専門性の構築が阻害されてしまうという主張は、その通りと納得させられます。

今まで自分に投資してきた理由は、専門性を構築し、自分を成長させるためということ鑑みると、会社の都合でキャリアが決められる日本企業に入社することに意味を見出だせないという彼らの発想は、ある意味世界基準でもあるのです。

「ジョブ型雇用」が加速し常態化すれば、優秀な外国人の雇用も実現すると思います。

第2章　募集活動前に自社で行うべき準備について整理する

●採用したい人材はどこにいるのか？

多くの企業が一番の課題に挙げているのが、この人材の募集手段についてですが、自社で採用したい人材は、いったいどこにいるのでしょうか？　もしあなたが採用担当となったとき、人材をどうやって見つけていこうと考えますか？

最寄り駅で屯している人に声をかけて、「うちで働きませんか」と行動を起こすでしょうか？あるいは、会社の入口付近に、「求む、人材！」などの張り紙をして応募者を募るという行動を起こすでしょうか？

この話を聞いて、「なんてバカバカしい。そんなことをしても、人材なんて集まるはずがない」と考えた方も多くいらっしゃるでしょう。なぜならば、自社に欲しい人材が、都合よく身近で見つかるはずがないと考えているからだと思います。

しかし、これらの方法は、間違った行動ではありません。見知らぬ人に声をかけて応募を促す行動は、「ヘッドハント」と類似していますし、会社入り口に募集のビラを貼ることは「求人募集広告」に分類されます。そう考えると間違った方法ではないと思われます。

重要なことは、人を集める手段・サービスは多岐多様に渡っており、その全容を知ることです。

そして、自社で欲しい人材を探すためには、どのようなサービスを利用すれば見つかるのかを検証することです。それができてはじめて、確度の高い募集手段を選択できるのです。

●直接採用と紹介事業者を利用する方法

ここで具体的にどのように求職者を探していくのか、その手段を検証していきたいと思います。求人を募集する手段は、大きくは直接採用と紹介事業者経由で人材を採用するということになります。

直接採用は、文字通り、企業が求人の窓口となり、採用担当者が直接、求職者とやりとりをする方法です。一方、紹介事業者経由は、採用の窓口が紹介事業者の担当者となり、その担当者を通じて、求職者を紹介されるという方法です。それぞれの特徴を知り、上手く利用していきましょう。

●紹介事業者経由について

紹介事業者経由には、紹介手数料がかかる有料事業者と紹介手数料がかからない無料紹介事業者に分かれます。有料事業者は厚生労働大臣から免許を受けている、いわゆる「人材紹介会社」のことです。無料事業者とはハローワークなどに代表される公的機関のことです。

採用担当者が窓口になることは変わりませんが、紹介事業者を利用すれば、多くの求職者が紹介され、採用の確度が上がるというメリットが挙げられます。求職者の特徴は、無料紹介事業者経由では、無職で、すぐにでも働くことができる求職者が多く、「人材紹介会社」経由では、現職で働きながら探している求職者が多いということが挙げられます。

●ハローワークを利用する三つのメリット

ハローワークを利用して採用する場合の最大のメリットは、紹介手数料がかからないことでしょう。求人企業は人材採用に対して投入できる予算は限られていますので、この無料紹介事業者の存在はありがたいものです。さらに紹介手数料がかからない他にもいくつかメリットを挙げることができます。

まず一つ目に挙げられることは、現在失業中の人が多いため、採用後すぐに合流できるということです。ハローワークに登録している人は、失業給付金の手続きがきっかけで訪れるケースがほとんどであることを鑑みると、登録者＝失業者と考えることができます。求人企業の多くが人手不足で悩んでいるため、すぐに働くことができる人材はとても魅力的です。

二つ目は、「内定受諾率が高い」ということです。現在働いていない求職者は、一日でも早く働きたいという意思が強い状況です。現職で働きながら転職活動している人は、「転職はやっぱり止めよう」と現職に残るという選択肢があるため、せっかく内定を出しても、逃げられてしまうというリスクが生じます。一方、ハローワーク経由の場合はその懸念が少ないため、内定受諾率も相対的に高くなります。

三つ目は、給与交渉が難しくない点です。前述のように、働くことを切望している人材の多くは、給与については気になるが、交渉してこないケースが多くなります。要するに、「交渉できる立場でない」ということです。それは、優秀な人材であっても低い給与で採用することができる可能性が高い、ということを意味します。求人企業にとって、「掘り出し物人材」を確保できる可能性があるのです。

●ハローワークを利用する三つのデメリット

ではデメリットについても考えてみたいと思います。

まず一つ目に挙げられることは、相対的に求職者の人材レベルが高くないということです。すぐにでも働きたいという意思を持った求職者が多く、応募もたくさんあるのですが、自社の採用基準を満たすレベルの人材がなかなかいないのです。企業側が望むような人材の確保は難しいため、妥協した採用となってしまうケースが多くなります。

次に挙げられることは、求人票に大きな制限をされてしまうということです。厚生労働省で出されている採用に対するガイドラインに沿って、ハローワークでは求人票作成を義務付けています。そのガイドラインは、かなり厳しいことが列挙されており、本来求人企業が欲しい人物像を記載したいと思っても、許されないのです。

三つ目は、ターゲットを絞った求人票が否定されてしまうことです。例えば、欲しい人材の適性をチェックするための適性検査や筆記試験・実務試験などを記載すると、応募者が大きく減少してしまう傾向にあります。そのことを懸念したハローワークの職員が、記載を勧めないという事例もたくさん報告を受けています。自社内で欲しいと思う人材を記入できなければ、ターゲット外の人材が集まってしまい、採用担当者の業務量が増えてしまいます。さらに採用ができない状況となると、結局時間だけが虚しく経過してしまいます。

●ハローワーク登録者＝失業者という事実

前述した通り、ハローワークに登録している人は、働いていない人ばかりです。仕事をしていない人は、如何に前職が大手有名企業であっても、学歴が高くても、何かしら問題があると考えてしまいます。

さらに離職期間が長くなると、現役感が薄れ、即戦力として働けるのかどうか疑問もあります。これは働くモチベーションという意味でも大きな不安要素で、なぜこの人が長い間仕事をしていないのかという理由も自ずとわかるのです。

無料で人材を採用できるメリットと、良い人材が採用できない可能性が高いというデメリットを考慮し、ハローワークの利用を検討することになります。

●「人材紹介会社」からの採用

「人材紹介会社」から紹介された人材を採用すると、法人間の個別契約によりますが、相場として求職者の年収の３割程度が手数料として発生します。年収５００万円の人材であれば、１５０万円ということです。ただ、業界や採用の難易度によって相場は変わってきますので、3割以上のこともあれば、一人あたり◯◯万円、ということもあります。これを踏まえたメリットとデメリットを考えていきましょう。

●「人材紹介会社」を利用する三つのメリット

まず一つ目のメリットは、紹介手数料がかかりますが、そのほとんどが「成功報酬」であるということです。「成功報酬」とは、求職者が入社しない限り1円も「人材紹介会社」に支払う必要がないという契約です。

紹介手数料を支払うのは1社だけでよいので、採用の質を上げるために、「人材紹介会社」を複数利用し、多くの人材を紹介してもらい、その中で一番と思える人材に対して内定を出せばよい、という戦略をとることができます。たくさんの人材の中から厳選して採用活動を行うため、企業が欲しいと思う人材に出会える機会が増えます。一度正社員として採用すると長い付き合いとなりま す。その大切な選考を多くの人材から厳選して行うことは非常に意義深いことです。

二つ目のメリットは、入社率が上がるということです。せっかく内定を出しても入社してもらえないと意味がありません。厳選して採用したレベルの人材は、他社からも内定をもらっている確率が非常に高くなります。

「人材紹介会社」経由で内定を出した場合、求職者が入社しないと紹介手数料貰えない「成功報酬」の契約なので、しっかりとフォローアップしてくれます。求職者の動きや深層心理も敏感に察知し、他社進捗の情報を共有してくれることもあります。優秀な人材確保のためのサポートにはとても大きいメリットといえるでしょう。

三つ目は、採用後の定着率が高くなることです。入社した従業員がもっともモチベーションが下がる時期が、入社後1か月くらいといわれています。それは、入社後ある程度時間が経つと、仕事に慣れて余裕ができ、企業の概要が見えてくるからです。

入社後短期で離職する多くのパターンは、この入社後1か月くらいに訪れる「理想と現実の乖離」が大きいのです。そのため「人材紹介会社」との契約は、短期離職者に対して返金規定を設けています。入社後3~6か月以内に退職すると、紹介手数料の一部を返金する規定があると、それを防ぐために入社後も求職者のケアを行います。入社後感じた違和感や不安、懸念点などをヒアリングし、その情報を採用企業に共有してくれる存在は、企業にとってはとてもありがたいものです。

●「人材紹介会社」を利用する三つのデメリット

まず、紹介手数料が高くついてしまう場合があることです。「人材紹介会社」を利用すると、当然ながら紹介手数料が発生しますが、採用した人材が、企業の期待値に反し、パフォーマンスがイマイチだった場合、これは大きなデメリットとなります。

また、採用した人材が短期で離職してしまった場合、紹介手数料をドブに捨てるような思いになってしまいます。返金保証期間内であれば、手数料の一部は返ってきますが、また新たな人材を採用しなければいけません。さらに、返金保証期間が過ぎてしまった直後の退職ともなると、「返金がない」「人材には逃げられる」「さらに新たな人材を採用するために予算組をしなければいけない」という三重苦が生じてしまいます

二つ目は、「人材紹介会社」に人材をコントロールされてしまうことです。紹介手数料は求人企業としては抑えたいと思っていても、紹介会社はその逆の発想です。「成功報酬」での契約では、「人材紹介会社」は人材が採用されない限り1円もお金が入ってきませんから、より確度の高い求人企業へ人材を紹介する傾向があります。それは、紹介手数料が高い企業へなびく傾向にもつながります。A社は3割、B社は3割5分であれば、B社への紹介を優先することはよくある話です。

三つ目は、「人材紹介会社」の情報操作です。求職者の職務経歴書を改ざんする、求職者の意思に関係なく応募してくる、虚偽の情報を求職者に伝え、入社後のトラブルとなるなど、これまで多くのクレームが求人企業より寄せられています。信じられないかもしれませんが、これら事例は「人材紹介会社」では日常的によくある話です。法律は守るべきものですが、その点のモラルがなかなか統制されていない業界でもあることを知っておきましょう。

●自社の評価を知ることができる

このように、「人材紹介会社」経由での採用は、メリットとデメリットがありますが、客観的に自社評価を知る機会にもなります。例えば、デメリットで述べた求職者のコントロールの話も、確かに「人材紹介会社」が紹介したい企業へ求職者を誘導する傾向はありますが、求職者の意向も強く反映されることもあるのです。いくら「人材紹介会社」が推す企業があっても、求職者が応募しなければ、何もできません。何より求職者の意向が強く反映されるのです。

たとえ紹介手数料が低くても、求職者が応募したい、入社したい企業であれば、それを防ぐことは当然ながら紹介会社はできないのです。

自社が求職者から選ばれる企業かどうかを知るベンチマークとなるのが、この「人材紹介会社」経由での採用といえるでしょう。

●「人材紹介会社」とどう付き合うべきか

「人材紹介会社」は全国で2万事業者以上もあり、その評価もピンキリです。これまで利用した「人材紹介会社」のサービスが悪かったため、もう利用したくないと考える求人企業がありますが、すべてが悪いわけでもありません。「業界大手だから安心」と思っていたらまったくそうではなく、無名の中小の紹介会社のほうが相性がよかったという事例も多くあります。

そのため利用する「人材紹介会社」は限定せず、幅広く利用していくことで、自社に合う「人材紹介会社」やそこで働くコンサルタントを探すことも重要です。

言い換えれば、それが採用担当者としての大きな仕事です。自社採用のために動いてくれる存在を見つけることが、良い人材を採用するための大きなキーワードとなり、採用担当者としての存在価値になる、と考えましょう。

●直接採用について

直接採用は、すべて自社努力で行う方法と、「求人募集広告」を利用する方法があります。すべて自社努力で行う場合は、自社ホームページやSNS利用、採用イベントを開催することで集客する方法と縁故・紹介という方法が挙げられます。

「求人募集広告」を利用する場合は、大きくは「紙媒体」と「ウェブ媒体」に分かれます。「紙媒体」は、張り紙、新聞、折込みチラシ、フリーペーパーなどがあり、特徴としては地域性が出るといわれています。「ウェブ媒体」は、求人掲載型と検索型に分かれ、幅広いエリアに訴求することができる特徴があります。広告費はそのサービスの特徴により掛かり、前払い型と課金型に分かれてきます。

●直接採用は海外では主流で、やがて日本も同じ状況になる

ちなみに海外では、採用のほとんどがこの直接採用で、「人材紹介会社」経由での採用は、ヘッドハント領域の、ハイスペック人材が主流となっています。スタッフレベルは自社努力で採用をす

ることが当たり前の外資系企業は、日本の採用コストが高いことに驚いているのです。その理由としては、雇用の流動化が進んでいないことが挙げられますが、「ジョブ型人材」の不足、「転職に対するネガティブ思考」、「新卒一括採用」などさまざまな要素が含まれています。

コロナショックによる働き方の変容が進み、ジョブ型雇用が常態化すれば、採用コストが抑えられる「直接採用」が主流となる時代に進むと考えられています。

●自社努力で採用する方法

自社ホームページ内で求人募集ページを作ることは、企業に応募したい人材を確保するツールとして必ず行っておくべきものです。企業によっては、採用ページを独立させ、「如何に人材採用に力を入れているか」を強くアピールしています。

また、採用ページをしっかり作り込んでおけば、「Ｉｎｄｅｅｄ」などの求人検索にもヒットする確率も上がり、採用コストが大幅にカットできるというメリットがあります。当然ながら、採用ページは常に更新対象となりますので、検索エンジンの上位に表示される可能性も上がり、企業のマーケティング活動の一翼を担うこともできるでしょう。

一方デメリットは、人気企業ともなると、応募が殺到するということが挙げられます。求人募集要項で、必要な経験とスキル、求める人物像について記載しても、求職者はその点をあまり考えず、ただ就業機会を求めて応募する傾向があります。

人気企業ともなると、いわゆる「記念受験」的なダメ元でも応募するという現象が起こります。そうなると、採用担当者は、人材の選考ではなく、「不採用の通知」が仕事となってしまい、本来行うべき仕事ができず、作業に没頭してしまうことになります。

やがて「不採用の通知」作業が難しくなり、選考結果の通知をしない「求職者にとって失礼な企業」というレッテルを貼られてしまう可能性すらあります。企業によっては、不採用の場合は連絡しない、という文言も見受けられますが、このような企業は、求職者の評判はよくありません。本来欲しいと思う人材に敬遠されてしまうようなことにもなりかねないので、求人を自社内ホームページに出すことは注意が必要になります。

●リファーラル採用は企業の評判を知るベンチマーク

縁故・紹介での採用は、スタートアップ企業や地域で展開する中小企業では、主流の採用方法です。

例えば社長が社員に対して「良い人がいたら、是非連れてきてほしい」と話すことはよく聞く話です。また、新卒採用時のOB訪問に代表される強力なつながりが会社にある人の「コネ入社」もこれに該当します。

最近は紹介事業者や広告事業者の出現で、縁故・紹介はアンフェアなイメージがついているかもしれませんが、求人企業側からすると、実はとても固い採用手段ともいえる側面もあります。

例えば、そこには必ず紹介者が存在します。もしあなたが「良い人を紹介してほしい」と依頼された場合、誰でも紹介することはないでしょう。当然、紹介者の面子もありますから、変な人は紹介することができません。そして紹介された人も、紹介者の手前、変な行動をすることは許されないでしょう。要するに、人的な担保がそこに存在するのです。

また、「優秀な人の友人は優秀である」という経験則も後押しします。人材採用の基本は、採用基準を明確にすることに他なりませんが、人にこだわる理由は、優秀な人が優秀な人を呼ぶ効果があるからです。採用に妥協した企業には人材は集まらず、逆に優秀な人材の流出が始まります。優秀な人材の一番キライな人は、「無能な人」です。故に、企業は人材採用には命をかけなければいけないのですが、その原点がこの「縁故・紹介」なのです。

そのような背景から、最近は「リファーラル採用」が注目されています。企業によっては制度化し、紹介者に「金一封」を与えることもあります。求人企業も、「人材紹介会社」に支払う紹介手数料や、広告事業者に支払う広告費と比べても安価であると考えることができます。

そして何より重要なことは、自社社員が「人に紹介したい会社であるか」ということです。社員が満足しているなら、是非自分の友人にも入社してほしいと考えますが、不満が多ければ、友人から恨みを買ってしまう可能性があるので、決して自社を紹介しないでしょう。「リファーラル採用」が機能している企業は、社員満足度も高い企業といえます。自社社員の満足度を図るベンチマークとしても「リファーラル採用」を制度化することをオススメします。

●ＳＮＳを活用し情報を発信する

最近多くの企業で、企業や自社商品のイメージの発信手段としてＳＮＳを活用するケースが増えています。例えば、ツイッターやインスタグラム、フェイスブックなどを使って発信する情報はさまざまですが、その中に採用情報を入れることも有効です。フォロワーが多くなると、採用情報に反応する求職者も一定数期待できます。常に企業動向をチェックしているような人は、フォローしている会社で働きたいと考えていても不思議ではありません。

さらにリンクトインは、外資系企業の人事採用担当者はほぼ必須で利用しています。このサービスは、フェイスブックのビジネス版のような発想ですが、そこに載せられている情報は、ほぼ求職者の履歴書と職務経歴書です。気になる人物とあらかじめ採用担当者がつながっておき、自社でポストが空いたときに積極的に声をかけていくという方法をとります。採用担当者は、自社の情報を晒すことにもなりますが、費用をかけずに優秀な人材を確保する手段の一つと考えれば、ぜひトライしてほしい方法と思います。

●ユーチューブ動画の活用

これは企業ＰＲ動画のような固いものではなく、例えば若手社員が自社サービスについて親しみやすい雰囲気を演出し、企業情報を発信していくという方法が有効とされています。

多くの求職者は、応募前に企業情報を収集したいと考えますが、ホームページなどでは情報不足であるケースが多く、よく理解できずに応募することが常態化しています。企業はそのような求職者に向けて、もっとわかりやすく企業情報を発信していくことが求められています。

動画内容も飽きがこないような演出、ジャンプカットやテロップ、エンタメ要素を取り入れて、視聴した人がどんな動画だったのかを理解してもらえる内容であることが重要です。動画をつくることが目的ではなく、企業を知ってもらうことが目的なので、動画を作成する価値は十分あると思います。

●広告事業者を利用する

広告事業者は、大きくは「紙媒体」と「ネット媒体」に分かれます。「紙媒体」は地域性が出ます。「ネット媒体」はエリアを広げることができるという特徴がありますが、それぞれについて検討していきましょう。

●「紙媒体」は地域性が出る

店舗のドアや窓に貼りつける求人広告は、今でもサービス業などを中心に、多く見られています。それに類似したものが看板広告で、人目につく場所に置かれます。いつも目に入るこのような求人広告は、その場所を訪れる多くの人に印象を与えますが、「常に募集しているのは、短期離職で人が定着しない企業」という誤解や懸念を生む可能性もあります。

新聞の求人広告や折込みチラシ、ポスティング、駅やコンビニなどに置かれているフリーペーパーも効果があるといわれています。人が多く集う場所を選ぶことで多くの人の目に留まることが期待できます。

このような「紙媒体」のメリットは、「確実にターゲットの手元に届く」という点です。「紙媒体」は地域性がでるので、「働いてほしい人材がいるエリア」に集中投下していくと、そこから候補となる人材が現れる可能性が高くなるのです。

デメリットは、人材の属性が限られることです。パートやアルバイトなどの人材が集まりやすく、「人手不足」で困っているような業界の求人が中心となってしまいます。

そのような特徴もあり、「人材不足」問題を抱える企業は、紙媒体経由では期待する人材が集まらない側面があります。

●「インターネット媒体」での採用

「紙媒体」の限界をカバーするためには、地域が広がり、幅広い属性をターゲットにできる、インターネット広告が有効となります。最近は新卒、中途採用、業界別、職種別など細分化したサービスも多様化しており、どの事業者のサービスを利用すればよいか、一言で語れない状況となっています。ここでは大まかなサービスの概要を紹介して参ります。

●広告掲載型事業者を使うメリット

広告掲載型は、求人企業が広告掲載料を払い、その利用プランによって露出度が変動するサービスを契約期間で掲載する、というものです。代表的なサービスは、リクナビネクスト、マイナビ、ＤＯＤＡ、エン・ジャパンなどです。

このサービスは、広告事業者の担当者が求人企業に訪問し、企業紹介、担当者のインタビュー、企業の概要がわかる記事を作成、写真掲載など取材し、求人案件を紹介します。求職者の応募状況を進捗報告にまとめ、求人企業の採用戦略に必要な細やかなサービスを提供してくれます。

自社ホームページよりも詳細な求人情報が掲載されることも多く、求職者にとってもわかりやすく構成されています。応募を希望する求職者は、広告事業者内のシステムより応募手続きを行い、求人企業にその情報が共有される、という流れになります。

応募エリアも広く、求職者も、求人媒体を頼りに求人を探すため、転職希望者が多く集まるモールのような存在となっていますが、その背景には求人広告事業者が、広告宣伝費をかけて、多くの転職希望者を集客していることが挙げられます。

求人企業が自社努力で人材を集めるコストを考えれば、この広告事業者のつくったモールに出店する感覚を持つことで、欲しい人材を確保できる可能性が高まることが、利用する大きなメリットになっています。

また、一度の広告掲載で複数名採用することも可能です。「人材紹介会社」での採用が一人あたりに対する紹介手数料であることを考えれば、相対的に費用が安く、かつ、複数名採用することができるサービスであるため、求人企業にとっては大きな魅力があるサービスとなります。

●広告掲載型事業者を使うデメリット

一方デメリットは、利用しても採用に至らないことがあることです。広告費は前払いなので、採用に至らなければ、その費用は無駄なコストと化してしまいます。「人材紹介会社」が成功報酬であることを考えれば、採用できないときのコスト面での支出が懸念されます。

また、自社ホームページ採用と同様に、応募者があっても、採用基準を満たさないケースも懸念されます。広告事業者は、募集のプロであるため、人を集めることには長けていますが、企業の欲しい人材については、うまく訴求しない行動をとる場合があります。広告事業者は応募者がないという状態は避けたいと考えるため、応募母数を求める戦略をとってしまうのです。

応募があっても会いたい人がいない状態は、断る作業が仕事になってしまいますので、求人企業としては是非とも避けたいことでもあるでしょう。

このように掲載型の求人広告は、掲載した期間で採用できればお手頃感が強くなりますが、採用できなければ無駄な浪費となってしまいます。

●広告クリック型

広告掲載は前払いなので、採用できなければ無駄なコストになってしまいますが、その悩みを解決するサービスが、反応があった分だけ課金されるというモデルです。

例えばグーグルやヤフーなどのポータルサイト、その他ネット記事などに掲載されている広告です。最近は求人に特化したＩｎｄｅｅｄもこの分野に該当し、売上を伸ばしています。このサービスは、求人企業があらかじめ予算を決めることができ、その上限に達したら以後費用を超えることがないというメリットがあります。

一方デメリットは、興味があまりない人もクリックしてしまうことがあること、せっかくクリックしてもその先に進まない、予算設定が難しいなどが挙げられます。特に予算設定に関しては、上限を決められるとはいえ、その予算をいつ使い切るのか、ということを考慮しなければいけません。人気企業ともなると、一日で上限に達することも考えられます。そうなると露出期間が短くなり、思ったような効果は得られにくいことになりますから、「広告掲載型のほうがよかった」と感じるかもしれません。そのバランスはとても難しいのです。

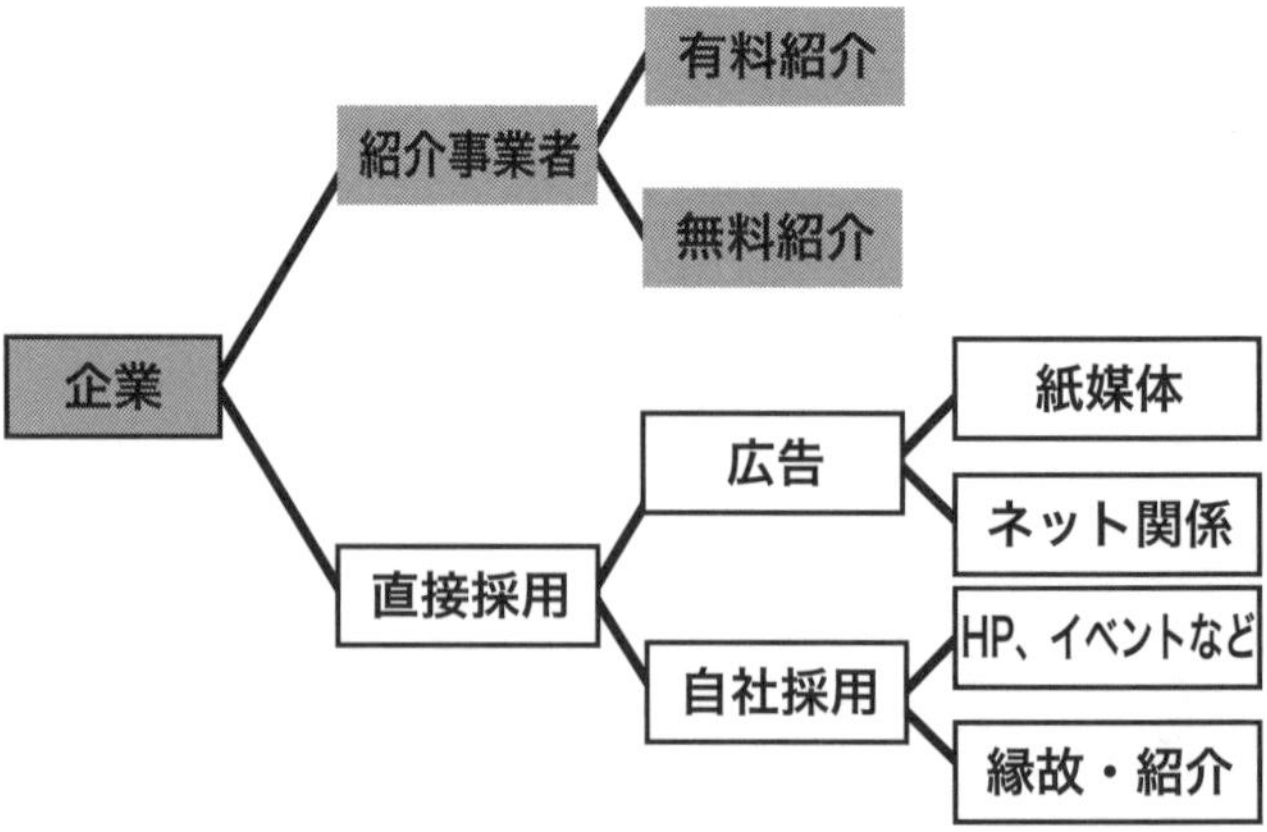

図 2-1　さまざまな募集形態

●求人企業の悩みを解決？　マーケティング型広告の登場

インターネット掲載型・クリック型はとても多くの広告事業者が参入しています。大手だけでなく、職種や業界に特化したサービスも出現し、はたしてどのサービスが自社にとって効果が得られるのか、情報が氾濫する状況にまで発展してきました。

採用担当者には毎日のようにこれら広告事業者からの営業があります。採用担当者の目的は、良い人材の確保なので、なるべく網を張って多くの方の応募が実現できる体制を構築することが課題となります。しかし、採用に対する予算は限られており、採用コストをなるべく抑えていかなければいけません。

そこで登場したのが、これら情報をまとめるようなサービスです。いわゆるプラットフォームといわれる「マーケティング型広告」サービスです。このサービスを利用するとワンストップで多くの事業者の情報が集まり、企業が欲しいと思う人材を参加している媒体から選定して見つけることができるという触れ込みです。人材総合代理店のような存在ですが、このサービスが浸透するためには、すべての大手広告事業者の参画が大前提となります（図２―１）。

●応募数を求めた広告掲載のツケ

広告を利用すればある程度の求職者を確保できるようになりますが、一方で採用担当者が会いたいと思う人がいなかったケースがあると伺います。

ある求人企業は、求人募集広告を出した途端、短時間で100名以上の応募が集まりましたが、95人は募集要件を満たさない人ばかりで、残り5人も、面接に呼びたいレベルには遠かったということでした。

求職者は、求人広告を見て、自分に該当しそうな項目が一つでもあれば、未経験でも躊躇なく応募します。例えば、社会人経験3年以上、という項目があれば、多くの人が該当しますから、それだけで応募してしまうのです。

企業は、経験者で、かつ、自社が抱える問題点を解決できる人材を確保したいと考えていますが、応募者数にこだわった結果、求人票に細かく記載することよりも、応募数確保を目的としているのです。その結果、自分たちが会いたいと望む人材からは見向きもされず、採用基準に満たない「会いたくない」多くのチャレンジャーに対応しなければならなくなったのです。

結果「お見送り」という、採用基準に満たない求職者に対する連絡が仕事となってしまいました。

●人材ビジネスのカモになってしまうケース

このような「とにかく人を集めたい」と考えている企業の多くが、広告事業者のカモになっています。広告事業者の目的は、長く利用してもらうことです。そして露出度を大きくし、単価を上げていくことです。

それは、「紙媒体」でも「ウェブ媒体」でも、露出度の大小で料金は大きく変わってきます。見栄えがよい求人広告を露出度が高い場所に掲載すれば、多くの求職者の目にとまり、応募者は増えることが期待できるからです。よって、多くの広告事業者は、なるべくそのような方向に持っていくような営業トークを展開し、多くの予算を獲得することを目的とします。

このように、企業が広告事業者の意のままに操られていては、やがて「カモ」となってしまい、求人広告費用だけがただただ増えていくという現象が起こってしまうのです。

●求人広告費が高騰するのは求人企業の問題

このように想定外に求人広告費用もかかってしまう、「人材紹介会社」を使っても紹介手数料が高すぎる、と嘆いている採用責任者の方とお会いすることが多いのですが、そもそもどのような人材を求めているのか、曖昧な企業が多いと私は感じています。広告事業者や紹介事業者を利用していても、欲しい人物像が絞られていない求人票をつくっているケースが多いのです。

その背景は、これら事業者からのアドバイスに頼り過ぎる点が大きいことも原因です。彼らは、募集要件はなるべく絞らず、多くの人に応募してもらえるような求人票づくりを推奨します。広告事業者としても、求職者が集まらなければ以後利用されないため、どうしても応募総数にこだわる提案になってしまうのです。

同様に求人企業の採用担当も、応募者がいないと不安になりますし、何より仕事をしていないとレッテルを貼られる可能性すらあります。そのような不安を抱えている採用担当の気持ちも重なり、目的が「良い人材を採用すること」から「応募者があること」へと変容していくのです。それは、明らかに求人企業の問題として捉えるべきでしょう。

●応募数確保を目的とし、混乱してしまう採用担当者

このような採用担当者は、なぜ自分たちの望む人材が応募してこないのかという疑問を、自社の

問題とせず、広告媒体を増やすということで解決しようと考えます。要するに、畑を増やせば、収穫が増えるという発想です。そして新たな求人広告事業者を盲目的に増やし、予算を追加して求人広告を打ちまくることになります。しかし、前述のように、広告事業主の目的は多くの予算を獲得し、長く求人広告を続けてもらうことですから、同じような露出度を増やす提案に終始します。

このように応募者数を増やすことが目的となってしまうと、求人企業の悩みは永遠に解決しません。やがて予算も尽き、妥協した人材を採用してしまうか、最悪、採用を諦めるかという結果を生んでしまうのです。

●採用の目的、戦略がブレると取り返しがつかない失敗をする

そもそも、なぜ求人募集をしたのでしょうか？　自社に何かしらの問題点があり、その問題を解決できる人材が欲しいという事情があって、求人募集をかけていたはずです。

そのためには、求人票に自分たちが欲しいと思う人物像を落とし込まなければいけません。その最重要課題を脇に置き、とにかく応募者数を確保したいと考えた段階で、目的が人材を採用することから、求人数を確保することに変化してしまいます。その採用の目的がブレた瞬間から、自社で

望む人材確保が実現できず、ひたすら「お断りの連絡」という無駄な作業に没頭することになってしまいます。

さらに不の連鎖は続き、「お断りの連絡」などの作業を簡略化するため、人材採用のアウトソーシングを考える企業が現れます。人材採用を外部業者に委託することで、とにかく人材の確保を効率化させたいということが根底にあるのですが、これではさらに採用の目的がブレてしまい、望む人材の確保が困難になるという悪循環に突入してしまいます。

採用のアウトソーシング化自体は選択肢としては悪くないのですが、それを利用する企業の姿勢により、成功することも失敗することもあり得るということです。

欲しい人材像をしっかりと持っており、その確保のための戦略をしっかりと考えている企業であれば、外部機関に委託しても問題はありませんが、出来ていない企業が効率化のマネごとをしてしまうと、自社にノウハウすら蓄積できないという取り返しのつかない状況に陥ってしまいます。

何事も、利用する側の目的と戦略が重要で、それが出来てはじめて事業者の選択という戦術に移ることができるのです。

第3章では、採用の目的、戦略と戦術を深掘りし、自社が求める人物像に迫った求人票の書き方について紹介していきます。

第3章　求人票とJob Description

●どんな人を採用したいのか

「求人票」は、求人企業が採用したいと考える人材を発信する手段としてとても重要なものです。多くの求職者は、記載された募集要項と仕事内容、そして求められる経験とスキルなどを確認し、「この企業であれば、自分は活躍できる！」と考えて応募することになるのですが、現実問題、そのように運用されている企業はとても少ない状況です。

多くの企業は、「求人票」に記載されている内容が乏しく、「いったいどんな人を採用したいの？」と疑問が残ります。

第2章でも言及した、「とにかく応募数を確保したい」という企業が多く、人は集まっても採用レベルではない、という現象を引き起こしている根本的な原因は、この「求人票」に集約されるといっても過言ではありません。

第3章では、自社にとって欲しい人材を確保するために有効な「求人票」のつくり方について深く言及します。求人企業の総意で欲しい人材を絞ることができれば、採用の目的は共有され、良い人材の確保につながっていきます。

●ざっくりとした求人票は刺さらない

まず、皆さんが作成する求人票は、表3―1のどちらに近い内容でしょうか？　左側の求人票は、とてもあっさりした内容で、多くの人にチャンスがあると感じることができます。右側の求人票は、欲しい人材がかなり細かく定義されており、該当しない人は応募することに躊躇することでしょう。

左側の求人票は、応募総数にこだわった内容を意識しています。採用担当者は、とにかく応募してくれれば、その中から採用基準を満たす人が１人くらいはいるだろうという確率論で考えています。

しかしこの求人票では、求める人材の応募はほとんど期待できません。むしろ、ターゲット外の人材の応募ばかりとなり、第２章で言及した、「お断りの連絡」の作業に終始してしまうでしょう。

例えば、社会人経験１年以上、というのは、おそらく求人企業は20代半ばの第二新卒あたりをターゲットと考えていると思われます。しかし、

表 3-1　どちらの求人票をつくっていますか？

総合職	人事採用担当
▶社会人経験1年以上	▶大学卒業以上
▶大学卒以上	▶上場企業での人事経験が3年以上
▶明るく、前向きな人	▶新卒採用経験必須
▶コミュニケーション力が高い	▶製造業出身者歓迎
▶入社後、適性を見て配属	▶英語力（TOEIC700程度）
	▶論理的思考

この求人票を、誰に伝えたいのか？

社会人経験1年以上は、ほとんどの人が該当し、40代、50代、場合によっては60代以上の応募すら想定されるのです。

「なんで60代が応募してくるんだ！」という声が聞こえてきそうですが、そもそも、そのような人でも応募できるような求人票をつくった求人企業側の問題であることは明らかです。特に最近は、コロナ不況によるリストラが加速していること、非正規雇用が増えていることなどから、これら人材は藁をもつかむ思いです。少しでもチャンスがあると思う求職者からの応募が殺到するのは至極当然の結果なのです。

●細かい「求人票」は欲しい人材に刺さる

自分たちが欲しい人材の応募を期待するならば、詳細に記した右側の「求人票」が基本となります。「そこまで細かくしてしまうと、応募者がいないのではないか?」と懸念する声は当然ですが、それでもなるべく細かく募集要項を書くことが重要です。

求職者は、左側の求人票では「私でも応募できる」と考えますが、右側の求人票では「これは私のことを言っている！」と考えるのです。

これはターゲットを絞っているかどうか、というマーケティング論では基本中の基本の発想ですが、採用も同様に考えるべきです。この絞りが採用にこだわる姿勢を求職者に届けます。

企業はいつも「良い人を採用したい」といっています。しかし自社にとって「良い人」を定義しなければ、決して採用レベルの人材が現れることもないのです。

●ある総合商社の「求人票」

私がかつて訪問した大手総合商社の法務人材の求人は、まさに左側のあっさりした「求人票」でした。応募要件は、「法務経験３年程度」「大学卒」しか記載されておらず、多くの人にチャンスがあるようなつくりとなっていました。しかし人事採用担当者と面談したとき、驚くべき内容を伺うことになるのです。

「まず、当社と同じレベルの企業出身者であることが大切です。例えばライバルの商社はイメージが近いですね。大学は、東大か早慶レベルで、できれば弁護士資格を日本だけでなく、米国の資格もあるといいですね。英語力はＴＯＥＩＣ９００点以上が最低条件ですね。あと、当社は総合商社ですが、海外志向が強い人はダメですね。それは新卒でたくさん確保していますから、できれば国内案件だけをやってほしいと思っています。年齢は28歳くらいで、年収は他のスタッフと同等程度で探しています」

「求人票」にはまったく書かれていないことをたくさん伺ったのですが、人事採用担当は、「当社に応募するような人は、このくらいは当たり前でしょう?」という態度でした。

そして最後にこう付け加えました。

「この求人を出して2年になりますが、応募はあっても誰一人面接にすら至っていません。まあ、当社くらいになれば、社内の誰もが認めるような人材でないと採用できないですからね」

おそらく今後もこの企業は面接に至る人の応募はないだろうと思ったのでした。

●大切なことは「ペルソナ」の設定

自社で欲しい人材を定義する方法として、「ペルソナ」の設定があります。

「ペルソナ」とは、ある特定の人材をイメージし、その人物が応募すれば採用したいと考える戦略です。ペルソナづくりは、採用活動のイロハのイです。漠然としたイメージでなく、しっかりと言語化された、外部の人にも理解できるものでなければいけません。

発想としては、「自社で現在活躍している、◯◯さんのような人」がよいとされています。過去に中途採用した、想定できる人物像がいれば、「その人のバックグラウンドはどうであったか」などを採用部門が中心となって考えていきます。

そのとき、部門長や採用担当者だけの意見ではなく、実際に一緒に働くメンバーの意見も参考にするとよいでしょう。

具体的な検討事項

・経歴　：出身地、学歴（出身校）、専攻、性格、趣味、特技など
・経験　：経験社数、業界、職種の範囲、出身企業のイメージ、社風に合うかどうか
・スキル：必要な資格（運転免許や各種資格）、語学力、学業的実績（論文など）
・性格　：明るい、論理的、フットワーク、チームプレー、職種に対する適性

事例：長野市にある部品製造業。従業員50名。営業職を増員したい

○ペルソナ

年齢20代後半～30代前半でもっとも活躍しているメンバーをイメージ

・出身地：長野県出身
・学歴　：高校は地元の進学校、東京の私立大学を卒業
・性格　：明るく、人懐っこい雰囲気を持つ（他は真面目が多い）
・趣味　：山登り、スキー、ゴルフなど屋外スポーツ
・年齢　：32歳
・経験　：東京本社の準大手の製造業出身
・スキル：自動車運転免許、英検2級

求人票作成の際の要件定義

○必須要件

・年齢は30代半ばくらいまで
・大学卒以上
・自動車運転免許（営業で車を利用するため）
・社会人経験3年程度以上
・一度は長野県を出た経験がある人（県外出身含む）
・チームプレーヤーでコミュニケーション力が高い
・明るく、人懐っこい性格

○歓迎要件
・地元出身者（Uターンで長期雇用の可能性が高い）
・製造業出身者
・中級程度の英語力（外国人対応が増加しているため）

○排除要件
・金融関連業出身者
・高卒、専門学校卒
・コミュニケーションが低い
・ソロプレーヤー志向（組織的な動きができない人）
・35歳以上
※これはあくまでも自社内で欲しい人材を絞るための作業です。求人票は法律を遵守し作成する必要があります。

●人材採用の目的を社内で共有する

企業が人材を確保するためには、必ずその理由があるはずです。特に中途採用ともなると、外部から特定の能力を持った人材を確保したいという目的があるはずです。

皆さんの会社は、どのような人材を確保したいと考えているでしょうか。例えば、以下のようなケースがありますが、大きく分けると増員か補充となります。

（増員）

◆社内組織上、若手人材が不足しているので、若手人材を確保したい

◆当社の経理部は、５名中４名が既婚女性によって構成されているので、今後に備え、男性社員を採用したい

◆新しい事業を始めるため、他社で実績を上げている経験者を確保したい

（補充）

◆現在のマネージャーが他社へ転職するため、その後任を採用したい

◆社員の１人が結婚で退社するため、その補充を考えている

このように採用の背景は多種多様で、その目的を考えると、ただ若ければよい、男性であれば誰でもよい、などとは決してならず、もう少し的を絞りニーズに則した人材を確保したいと考えるべ

きです。

そのため、採用の目的を明確化することは非常に大切ですし、その目的を変えることは基本的にあってはならないことです。特に中小企業ともなると、経営者1人の価値判断で人材を決定することが常態化していますが、採用に携わる関係者の総意は必要です。欲しい人材を言語化し、関係者に共有する作業はとても重要です。

●目標の設定を行う

採用の目的を決めれば、次は的を絞る必要があります。すなわち、数値化できるものを導き出すのです。例えば、若手人材というだけではざっくりとしているので、年齢のターゲットを決めていきます。例えば、25～35歳くらい、というイメージです。

そして採用の予算を決めます。それは求職者の年収の予算を決め、その人材が確保できる手段を選定するという作業です。第2章で言及した採用手段を参考に、人材が応募してくれるためのツール（募集方法）の選定を行い、採用にかかる経費について考えなければいけません。

求職者の経験値も、未経験のポテンシャル採用なのか、しっかりとした実績がある経験豊富な人材を狙っていくのかでも予算は変わっていきます。経験者採用であれば、評価対象になる能力値を数字の根拠として示さなければいけません。これが求人票における、募集要件に該当します。

●欲しい人材を確保するための戦略を練る

目的と目標ではじき出された数字を元に、自社内での採用戦略を練ります。いわば山登りであれば、目的地に到達するためのルート選定です。

ポテンシャル採用であれば、どの部署に配属するのかを考えます。上長となるマネージャー、人事採用担当なども含め、ペルソナの選定、給与、採用の総予算を計算し、採用プロセスを構築していきます。そして面接ステップ、面接官の選定、選考期間、選考方法などをおおよそ決めていきます。

面接ステップは、会社説明会、面接の回数、筆記試験・実技試験の有無などを決めていきます。

面接官の選定は、人事採用、部門長、役員、社長など誰が、どのステップの面接を行うのかを決めていきます。

選考期間は、いつまでに採用をしたいのかという、期限を決めることです。急いで探すのか、じっくりと見極めながら探すのか、どちらの選考方法で人材を確保していくのかで、戦略も変わっていきます。

選考方法は、求職者をある程度の母集団を集めて同時に選考する「サバイバル方式」か、良い人材が現れたら、とにかくその人材を確保する「一気集中方式」にするか、という進め方を検討します。前者の特徴は、必ず最終面接では2名残してどちらかを比べてじっくり見極めて採用する考え、後者の特徴は、良い人がいれば他者選考を控え、1人の人材の選考をどんどん進めていくスピード重視型の戦略として効果を挙げることができます。

●採用戦略に沿った戦術（ツール）の選定

このように企業の総意として採用の方針が固まれば、それに即した業者選定を行います。企業内で共有された採用戦略から、採用予算内で自社が望む人材の確保ができる手段を講ずる作業に入ります。第2章で言及した直接採用か、紹介事業者を利用するのかなどを決め、利用する業者の選定を行います。

おさらいをすると、直接採用は、企業の採用担当が窓口となり、求職者との対応、広告事業者を利用するなら、その担当者との折衝を行います。

紹介事業者を利用する場合は、その担当者を通じて求職者の対応を行うことになります（図３―１）。

このように、目的、目標、戦略、戦術の経緯を経て、採用活動は始まります。この順番は必ず守るべき鉄則で、採用活動の基本でもあります。

しかしながら、多くの企業がこのプロセスを無視し、いきなり戦術から入る傾向が強いと私は感じます。採用の目的を明確にせず、予算も立てず、採用戦略も練らない状況で、いきなり求人広告を利用し、人材の募集を行うのです。

そうなると、第２章でも言及した通り、広告事業者の格好の餌食となり、カモとして利用され続けます。挙げ句、自社が欲しい人材が採れず、お金を無駄に垂れ流してしまうという最悪の結果となります。ビジネスでも短期間で経営破綻する事業者が跡を絶ちませんが、その原因のほとんどが、「無計画な戦術の選択による浪費」です。採用もまったく同じと認識してください。

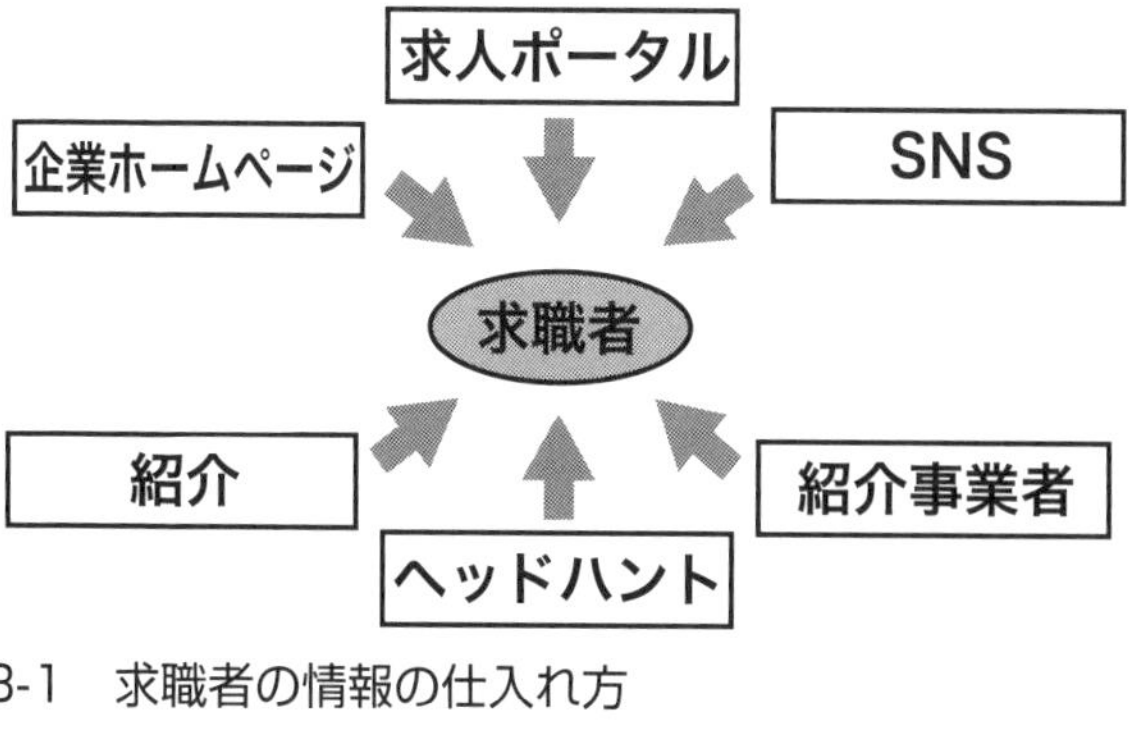

図 3-1　求職者の情報の仕入れ方

●「求人票」と「Job Description」

このように採用の目的を明確にし、目標、戦略、戦術を想定した後は、「求人票」に具体的に落とし込む作業に入ります。

日本企業で使われる「求人票」の多くは、とてもざっくりしているケースが目立ちます。前述のように、応募機会を増やすことを目的とし、誰でも応募できるような雰囲気で作成しているのですが、実は前述の某総合商社の例の如く、欲しい人材像をイメージしているのではないでしょうか。「欲しい人材が応募してこない理由」は、「欲しい人材を明記していないから」に他なりません。

海外の求人票は、Job Description（以下、ＪＤ）といわれ、「職業明細書」と訳されています。これは日本の「求人票」よりもかなり詳細に職務内容が記載され、求める人物像、応募資格、その他仕事に関係する情報が明確になっています。

この「ＪＤ」の背景は、前述したジョブ型雇用が前提となっています。すなわち、「当社が求める人材は、この『ＪＤ』に記載された内容に則した人材で、その仕事ができれば、給与はこのくらいです」という非常に明瞭な考えで構成されているのです。

そのような話を聞くと「当社はジョブ型雇用ではないので、そのような詳細な『ＪＤ』は必要ない」と訴える採用担当がいますが、前述のように中途採用はすでに「ジョブ型人材」を探す環境下で運用されています。

この点が中途採用に慣れていない求人企業が感じる違和感なのかもしれませんが、求職者の多くは、会社に入社することを前提とした「転社」ではなく、自分の仕事内容を重視した「転職」を考え行動しているのです。

この中途採用のマーケット感覚に慣れていない求人企業と求職者との意識の乖離が、良い人材が確保できない大きな理由として挙げられます。これから「ジョブ型雇用」が進むといわれていますが、求職者マインドを理解できない企業は、自社が周回遅れとなっている現状を強く意識すべきでしょう。

●「JD」に記載すべきもの

「JD」に記されているものは、大きくは、会社概要、募集職種、レポートライン（上司情報）、仕事内容、求められる経験とスキル、待遇面などです。企業によって記載内容やボリュームは大きく変わってきますが、欲しい人材が絞られた管理職以上の求人であれば、かなり詳細に記載されています。

そのような「ＪＤ」を見ると、具体的な人物が頭に浮かんできます。私は今まで多くの求職者と面談してきたので、年齢、経験、学力、適性、志向、性格などから、「この求人に該当する人は、あの人だな」と思い浮かぶことがあります。そのようなイメージが湧く「ＪＤ」を作成できれば、「ペルソナ」づくりに成功していると捉えることができます。

このように詳細な「ＪＤ」をつくることができれば、第三者でも欲しい人物像がイメージできるため、企業が望む人材が集まってくる可能性がかなり上がってきます。

●的を絞っていれば、緩和させることは容易

そのように話すと「あまりにも詳細に記載した『ＪＤ』では、応募できる求職者はいなくなるのでは？」という反論が出てきます。確かに、私も詳細な「ＪＤ」を見たときに、「こんな人はいないよな～」と尻すぼみすることもよくあります。

しかし、的を絞った「ＪＤ」であれば、「妥協点についても明確になる」という効果が得られます。

例えば、企業法務経験3年程度以上、という項目があったとき、企業法務2年の経験者と会うかど

うか？　という確認ができます。

他の応募要件は満たしているが、唯一、経験値が３年に達していない求職者です。皆さんは面接に呼びますか？　それとも見送りますか？

おそらく、ほとんどの採用担当者は会ってみたいというでしょう。それは、経験３年というのは他の項目を満たすための目安に過ぎないという判断ができるからです。

同様に、ＴＯＥＩＣ８００点以上、という項目があったとき、英検１級の資格だけの人はどうでしょう？　これもやはり面接に呼ぶと思うのです。目的はＴＯＥＩＣのスコアではなく、英語を使って仕事ができるのかどうか、という点です。その目安としてＴＯＥＩＣ８００点を記載しただけなので、他の資格で期待できるなら、面接官は会いたいと考えるのです。このように、的を絞っていれば、妥協点も導きやすくなるのです（図３—２）。

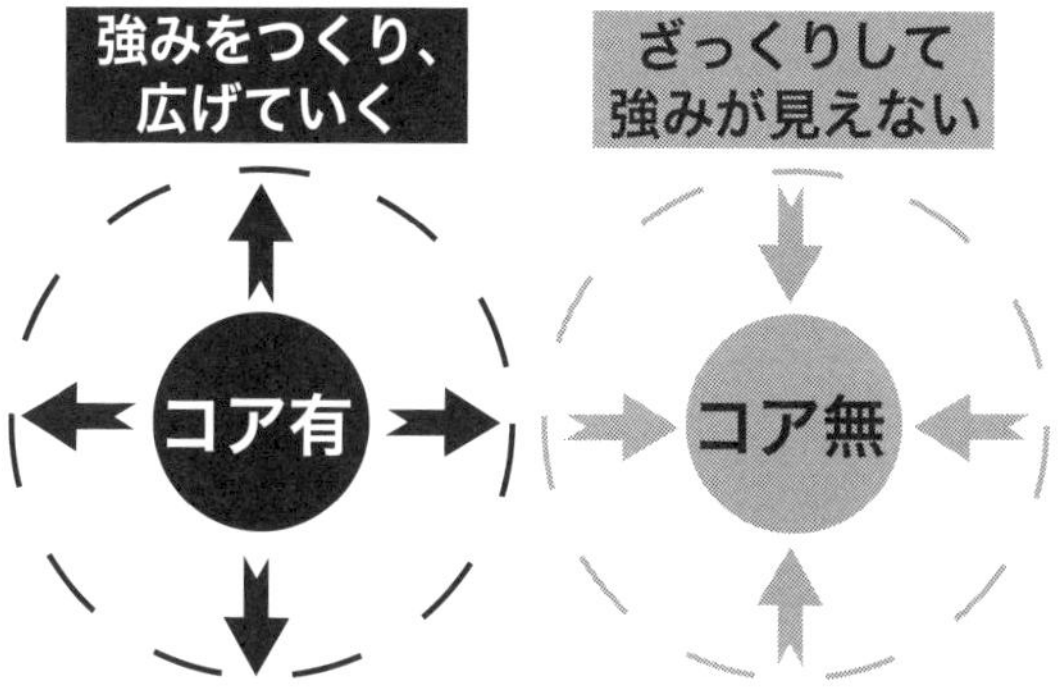

図3-2　的を絞り広げていく

●的を絞っていない「求人票」がダメな理由

逆にざっくりとした「求人票」では、的を絞っていくことは容易ではありません。例えば、得意先の社長に贈りものを考えたとします。情報によるとワインが好きであるということなので、酒屋で白ワインを購入し、得意先の社長に持っていきました。そのときこう言われるのです。

「ありがとう。でも実は私は赤ワインが好きなんですけどね」

ワイン好きなら、どのワインでも好きだろうと考えるのは思慮が足らないと思われても仕方がないですね。もっと言えば、その社長さんは赤ワインでもフランスワインが好きかもしれないし、ボルドーよりもブルゴーニュが好きかもしれません。さらに、好みの畑でとられたワインでないと飲まないというこだわりがあるかもしれません。

これは、「ブルゴーニュのワインはフランスワインだが、フランスワインがブルゴーニュとは限らない」ということを意味します。要するに、この社長さんには、どこの産地のワインが好きなのか、というところから考えなければいけなかったということです。

そうすると「好みはブルゴーニュだけど、フランス産の赤ワインはどこでも好きですよ」という妥協案も引き出せたはずです。社長さんのど真ん中はブルゴーニュだけど、フランス産のワイン全般で好みの幅が広がるということです。

「求人票」もペルソナを意識して詳細に作成しなければ、妥協案も導き出すことができないのです。

●自社の強みを知る「ブランディング」と「マーケティング」

「JD」を作成していく際、自社について紹介をする項目があります。私は採用セミナーでワークとして取り入れていますが、この自社についての情報発信が苦手な採用担当者が多いことに驚いています。皆さんの会社は、世間からどのように認知されているのかを知っているでしょうか?

ここで役に立つのが、「マーケティング」と「ブランディング」という考えです。会社がどう思われているのかを知るためには、会社自身がどのように思われたいのか、という発想が重要になってきます。

●マーケティング
自分から自分の
イメージを伝える努力
●ブランディング
相手に自分のイメージ
を持ってもらう努力
私は優秀だ
あなたは優秀ですね

図3-3　マーケティングとブランディング

「マーケティング」は自分から自分のイメージを相手に伝える努力、と定義付けられますから、「当社はこのような会社です」と発信しなければ相手に届かないということです。

そしてその発信した内容を相手が「貴社はこのような会社ですよね？」と認知してもらうことが必要です。この発信内容と相手方の認知が一致している状態が「ブランディング」ということになります（図3―3）。

例えば、「当社はアットホームな職場環境で社員の満足度が高い」と発信しても、世間では「社畜のように人をこき使うブラック企業」と認知されていては、この企業は「ブランディング」に失敗しているということです。

●自社が世間でどう評価されているのかを知る

このような企業イメージを大切にする取り組みはとても重要

図 3-4　貴社が世間からもたれているイメージを知りましょう

です。会社内にいると、世間からの評価に盲目的になりがちです。そのため採用関係者で、自社が世間からどう評価されているのか、というワークをすることをオススメします。

私はこの作業を5分でどのくらい記載できるのかという課題を与え、記載した後、隣に座っている他社の採用担当と共有するというワークを行っています。10項目以上挙げられる方がいる一方、2、3項目しか挙げられない人も多くいます。その状況で、自社のことを他者へ説明することがどの程度できるかがポイントとなります（図3－4）。

このワークを通じて、如何に採用担当者であっても、自社について知らないことが多いのか、世間ではどのように思われているのかを意識していないのか、がわかるのです。

●自社を「見える化」することの大切さ（わからない存在は怖い！）

私は人材採用の仕事をしていると、採用担当者が求職者目線を考えていないと感じます。採用担当者にとって採用活動は日常ですが、求職者にとっては「非日常」のことです。よって、両者はまったく違った価値観を持っていることを前提としなければいけないと思うのです。

求職者にとって転職活動は「非日常」であり、特別なイベントでもあります。そして慣れないことや知らないことも多く、誰しも「転職は怖い」という感情を持っています。

世の中で「怖い」と思う感情が起因するものは、お化け、株式投資、借金、ウイルス、死など「わからない」「知らない」「情報がない」ものです。

人は誰しも、「得体のしれないもの」に関しては恐怖を持っています。お化けは見たことがないから怖くて、新型コロナウイルスも得体が知れないから怖いのです。

転職も「得体が知れないもの」です。その怖い転職活動で、恐怖を緩和できるものは「企業情報」に他なりません。この「企業情報」がどれだけ詳細に理解できるのかで求職者は応募を検討することができるのです。

優秀な人材を確保するためには、自社を「見える化」することがとても重要です。

●「これは自分のことを言っている」と思わせる「JD」をつくる

これまでざっくりとした「求人票」では「この要件であれば私でも応募できる！」と考えられてしまい、ターゲット外の求職者が殺到するからダメと言及してきました。

できる限り詳細に欲しい人物像に言及し、そのことで「これは自分のことを言っている！」と思わせる「ＪＤ」の発想を持つべきです。

これから「ジョブ型雇用」が主流となり、そのキャリアを求めて求職者が集まる時代に突入していくでしょう。よって求人企業も「ジョブ型人材」が活躍できる職場というアピールがとても重要です。変われない企業は「人手」しか確保できず、変われた企業は「人材」が確保できる時代に突入しているのです。

●異動させた人材の価値が下がる時代を意識した「ジョブ型採用」を

これまで「メンバーシップ型雇用」が中心であったため、社内異動を繰り返しキャリア構築する「終身雇用」が通常でしたが、このシステム自体、限界値を超えているといわれて久しい状況です。

しかし変えていきたいと企業が思っても、解雇しづらい日本の労働法が壁となって、多くの歪みを生んでいます。例えば、「正規・非正規の格差」「労働生産性の低下」「働かないおじさん」「グローバル競争力の低下」「イノベーションの欠如」などです。

コロナショックの厳しい環境下でも企業は社員を解雇することができず、雇用調整助成金の支給手続きも遅れ、挙げ句コロナ倒産するという、最悪な結果をもたらしています。米国ではレイオフが通常で、国が企業に変わって労働者を守り、企業を潰さない努力を行いますが、日本ではレイオフをすると失業給付が下りない可能性があるので、企業が責任を負うしかない状況です。

どちらがよいのかは結果論でしか論じられませんが、その背景には仕事に対する意識とシステムの違いがあると感じています。

「ジョブ型雇用」が進めば、「異動」が命取りとなりますので、他部署への「異動」を打診した段階で、社員が残るか辞めるかの選択を自ら行うことができます。「メンバーシップ型雇用」は会社から切られると再就職が困難であることがわかるため、不本意な異動でも受け入れざるを得ない状況となります。

結果、「メンバーシップ型雇用」が続く限り、前述した歪みが生じやすく、日本の競争力は落ちていくでしょう。コロナ禍で強制的に「ジョブ型雇用」への移行が進むことを機会に、求人企業の雇用環境も一新し、新たな時代に対応する企業づくりを目指すことが、「良い人材の確保」にもつながると強く感じています。

第4章　書類選考から面接までの考え方

●中途採用の基本的な考え方と「採用基準」について

多くの企業は求職者が集まれば、しっかりと面接できると考えています。よって、募集手段にはお金をかけ対策を練っていますが、書類選考から面接に関してはほぼ無策という企業が多い状況と感じます。同時に、企業の採用担当者のマインドはマイナス評価を根拠とした「落とす面接」が主流です。多くの求職者を集め、ふるいにかける「作業」をひたすら行い、その選考フィルターを通過した人だけが選考対象になるというものです。

新卒ではこの「選考フィルターにかける作業」が露骨です。口では学歴不問と言い多くの学生の応募を促しつつフェアな選考をアピールしても、実は選考ステップの途中で、大学名で差別していることは公然の事実として認識されています。「ポーズでも、そのような対応をしなければいけないんだ」という採用担当者の声が聞こえてきそうですが、実力重視であるべき中途採用の現場でも同じことをしていると感じざるを得ません。

中途採用でもある程度のフィルターは必要ですが、それよりも職務内容、経験値などのスキル面を重視すべきです。そのための「求人票」づくりについては第3章で言及してきましたが、第4章では、人材を見極めるための「採用基準」について考えていきたいと思います。

●応募書類に何を求めるのか？

中途採用に必要な書類として、どのようなものを求めるでしょうか。典型的なものは、「履歴書」「職務経歴書」で、企業によっては「志望理由書」「作文」などを要求するケースもあるでしょう。

新卒採用ならば、「志望理由書」「作文」などは求めたいところです。「履歴書」や「エントリーシート」なども当然必要と思うでしょう。

しかし、中途採用の現場では「職務経歴書」のみで十分と考えられています。私が取り扱っている企業、特に外資系企業は、ほぼ「職務経歴書」のみの提出で選考を進めていきます。中途採用の現場ではそのような考えがあることを認識してください。

「履歴書がないのに、どうやって書類選考をするんだ！」という言葉が聞こえてきそうです。事実、採用セミナーでは同様の質問や意見を多く伺いますし、反感の声すら聞こえてきます。そのときに私はこのように反論します。

「中途採用は貴社の採用基準を満たすことができるかどうかがポイントのはずです。そこに履歴書が必要なのでしょうか？」と。

同様に「志望理由書」や「作文」なども必要ないと考えます。すると「当社に応募する意思があるなら、当然、志望理由があるだろう。事前に確認することは問題ないはずだ」と反論されます。

それでも必要ないと私は伝えます。以下順を追って説明していきます。

●厚生労働省の採用に関するガイドラインについて

厚生労働省によって「公正な採用選考の基本」というガイドラインが明示されています。それは大きく三つのパートに分かれており、それを無視した採用選考をしてはいけないので、是非注意してください。

「広く採用の門戸を広げ、採用は能力と適性において選考をすべき」が基本姿勢です。よって、その基本を無視した姿勢で採用選考を進めてはいけません。

○本人の責めにない事項の把握

・本籍、出生地に関すること

・家族に関すること（職業、続柄、健康、病歴、地位、学歴、収入、資産など）

・住宅状況に関すること（間取り、部屋数、住宅の種類、近郊の施設など）
・生活環境、家庭環境などに関すること

○本来自由であるべき事項
・宗教に関すること
・支持政党に関すること
・人生観、生活信条に関すること
・尊敬する人物に関すること
・思想に関すること
・労働組合に関する情報（加入状況や活動歴など）、学生運動など社会運動に関すること
・購読新聞、雑誌、愛読書に関すること

○採用選考の方法
・身元調査などの実施

・合理的、客観的に必要性が認められない採用選考時の健康診断の実施

これらの事項は、油断してしまうと思わず聞いてしまいがちな事柄ばかりです。私もかつて中途採用の面接を受けているとき、たくさんこの類の質問を受けました。

「新聞を読んでいますか？」という質問は、勉強熱心な人、時事問題をキャッチアップしているのかどうかを確認するために有効な質問と捉えている人が多く、また「愛読書は何ですか？」という質問は、人物を知るためや、求職者と距離を縮める上で有効な質問と考えている人がいます。

しかしこれらは思想信条に関連する質問としてＮＧとされます。例えば、朝日新聞を読んでいる、司馬遼太郎を愛読している、という求職者に対する評価は、仕事とは一切関係ない余計な質問ですが、面接官の好みで印象が変わる恐れがあります。

「家族構成」も育った家庭環境を知る上では興味があることであるし、「出身地」などを聞けば、地元の話題で盛り上がるような意図もあるでしょう。面接官からすれば、重くなりがちな面接の場を、なるべく和ませたいという目的があるかもしれませんが、厚生労働省のガイドラインでは、ダ

メな質問と定義されています。

しかし面接官としては、求職者のことをより理解したいため、これら情報をできる限り取得したいと考えます。日本の法律では、いったん採用すると解雇しづらい環境であることが背景としてあるからですが、それら情報を手早く収集できる方法が、「履歴書」を提出してもらうことです。「履歴書」には名前、年齢、住所、出身地、家族構成、趣味、特技、志望理由などを記載する欄が設けられています。面接で質問をしてはいけないことが「履歴書」を求めることで一気に収集できるのです。

今現在、「履歴書」の提出が禁止されていないため、企業は問題なく求めることができますが、求職者によっては、外資系企業では提出を求められない「必要ない個人情報」を強制的に求める企業には応募したくない、と考える人も少なからず存在します。

「そんな面倒な求職者はこちらからお断りだ！」と考えた瞬間、人材が採れない企業へと突き進んでいくのです。これも時代の流れであり、グローバル・スタンダードと考え受け入れてください。

ちなみに、米国ではこの「履歴書」の提出を強要したときは、訴訟問題へと発展する可能性が高いといわれています。例えば、能力で不採用という判断であっても、履歴書に記載された事項が理由で落とされたと訴えることができるからです。よって、選考に必要ない余計な情報を企業自体が取得することを避けています。そのくらい、センシティブなことと考えたほうがよいのです。

●写真添付の履歴書を類選考時に求めない

前項のような問題はありますが、日本では「履歴書」の要求は認められています。しかしその状況でも、書類選考に写真を強要することは、かなり慎重に検討すべき事項です。

中途採用の現場では応募段階で写真を添付する必要がない、というのが常識となっています。データのやりとりで「履歴書」を取得しても、ほとんどの求職者は写真を貼っていません。

外資系企業やベンチャー企業は写真添付不問の企業ばかりですが、大手日系企業や中途採用になれていない中小企業は、写真添付を強く求めてきます。

「写真が貼っていないじゃないか！　いったいどういうことなのか？」

なぜ書類選考時に写真添付が必要ないかといえば、それは間違いなく、写真で合否を決めるからです。「そんなことは決してない」という反論もあるでしょうが、実際写真を見れば、おおよそ求職者の雰囲気が把握できることも事実です。

採用担当者は、写真に対する固定概念を持っています。企業へ応募するのだから、当然、写真館で撮るだろうし、スーツは着用するだろう。髪型は落ち着いた雰囲気で、ヒゲは剃るのが当たり前、などの基準です。

しかし多様化する社会では、さまざまなタイプの人材が存在します。写真に無頓着な優秀な人材はとても多いのです。そのような優秀な人材を、採用担当の偏見で見送ることは企業の人材確保にも大きく影響を及ぼします。

求職者の能力と適性を「職務経歴書」で見極め、そして面接をするという姿勢を基本としてください。どうしても写真が見たいなら、面接時に「写真付き履歴書」を持参してもらえばよいだけの話です。採用の目的は、自社で活躍できる人材の確保です。その基本に立てば、自ずと理解できることと思います。

●「志望理由書」や「作文」などの提出について

新卒採用では、これら書類の提出を求め、採用選考にする企業が多いですが、中途採用ではほぼ意味がないことと考えています。

「当社を志望するなら、これらを求めても当然のことだろう！」という声が聞こえてきそうですが、中途採用ではほとんどの企業は求めていません。

何度も言いますが、厚生労働省のガイドラインでは、「能力」と「適性」で判断すべき、ということです。だからこそ必要という意見もありますが、書類選考では「職務経歴書」に記載された内容で選考することが一般的となっています。

そのような環境で「志望理由書」や「作文」の提出を求めると、多くの離脱者が出てしまいます。求職者からすれば、他社では求められていない「面倒なもの」を要求する企業は、受けたくないと考える傾向が強いのです。

貴社が人気企業であり、第二新卒などの若手人材に的を絞った増員を考えているような採用であれば、有効に作用することもあるでしょう。しかし、そのような人気企業であれば、おそらく応募者も多いため、「採用基準」も高く設定しているはずです。

貴社に入りたい人はおそらく「採用基準」に満たない人ばかりです。人気企業が1年以上採用できていないケースが多い背景は、企業が求めている「面倒な提出物」が原因であるかもしれないのです。

●優秀な人材は雇用統計指数には表れない

ちなみに、第1章で言及した「有効求人倍率」や「失業率」に関しては、ハローワークに寄せられる情報を元につくられていますが、その数字に表れない層がいることも意識しなければなりません。

それが「働きながら次の会社を探している人」です。

中途採用で、特に優秀で即戦力となる人材を採用したい企業は、現職で活躍している人を求める傾向が強くなります。採用担当者としても、「会社を辞めた人」や「リストラされた人」よりは、「現役バリバリで活躍している人」を欲する傾向が強くなります。

前者は「仕事を選べない人」、後者は「選択肢がある人」と考えることができます。次の機会を他社に求めるような優秀な人材は、現職でも活躍し重宝されている人材です。そのような人材を欲しているならば、採用担当者が迎え入れるという気持ちがないといけません。

そうなれば自ずと「志望理由書」や「作文」などの「面倒な書類提出」を求めることがナンセンスであることが理解できるはずです。優秀な求職者は企業の採用担当が考える以上に選択肢を持っています。そのような人材の応募を期待するなら、余計な書類提出を強要しないことが大切です。求職者の属性を考慮し、選考基準を柔軟に変えていくことも考慮しましょう。

●「職務経歴書」を基準に書類選考をするときの注意点

以上から書類選考は職務経歴書一択、となるのですが、どのような基準で面接に呼ぶのかを決めなければいけません。当然ながら、「JD」に記載した基準をクリアしている人が対象となりますが、「要件を満たしていれば面接に呼ぶ」ということでよいのでしょうか。

やはり気になることがいくつかあります。例えば、「転職回数」「短期での離職」「働いていない期間がある」などです。

●転職回数をどう捉えるべきか?

転職回数を気にする求人企業はとても多いと思います。私が採用担当者と面談する際、必ず転職回数を気にするか? という質問をしています。すると日系企業はほぼ気にするという回答、外資系企業でも理由により気にする、という回答を受けます。

求職者側もそのことを知っていて、書類選考を通過させるために転職回数を正しく記載しないという事例があります。そのくらい書類選考の高い壁となっている転職回数ですが、データで検証してみたいと思います。

表４―１のデータから、採用前の状況では、転職は２回までが全体の10％、３回までが50％となっています。やはり転職回数は理由の如何に関わらず、採用する側としては、気になる要素であるということです。

では、実際に採用した人はどうかというデータを見てみると、２回までが９％、３回までが37％となっており、４回、５回がそれぞれ22％ずつとなっています。これは、転職回数は気になっても、結果採用しているということです。

「当社で３社目（転職２回まで）」を絶対条件とする会社がありますが、このデータから検討すると、かなり狭い領域で求職者を探していることになります。

転職回数が多いと求職者の人格が気になるとは思いますが、現実問題、そうはいっていられないということでもあります。この状況を鑑みると、大切なことは転職回数でなく、

表 4-1　転職が気になる回数

	採用前	採用後
1回	2%	3%
2回	8%	6%
3回	40%	28%
4回	16%	22%
5回	12%	22%
6回	4%	7%
7〜9回	2%	6%
10回以上	1%	6%
気にしない	15%	

従業員50名以上の採用担当者300名のアンケート（過去１年に正社員に至った事例）

出典：リクナビネクスト

「キャリアのストーリー」であることがわかってきます。入り口で転職回数を気にしすぎるのではなく、その背景も考慮してみると、「採用基準」も少し現実的なものになっていくと思います。

●「短期離職」をどう捉えるか？

転職回数をある程度不問にしても、やはり気になるのが「短期での離職」ではないでしょうか。いわゆる「長続きしない人」です。

採用担当者としては、採用する人材がすぐに辞めてしまうことほど悲しいことはありません。事実、採用セミナーでも短期離職者に対する不安を挙げるケースが多くなっています。

例えば、このような3人の求職者がいたとき、1人だけ面接に呼ばない人を決めるなら、あなたは誰を選びますか？（図4―1）

Aさんは、若い頃転職を繰り返していますが、現在は長く働いています。

Bさんは、長く1社で働いていましたが、直近転職を繰り返しています。

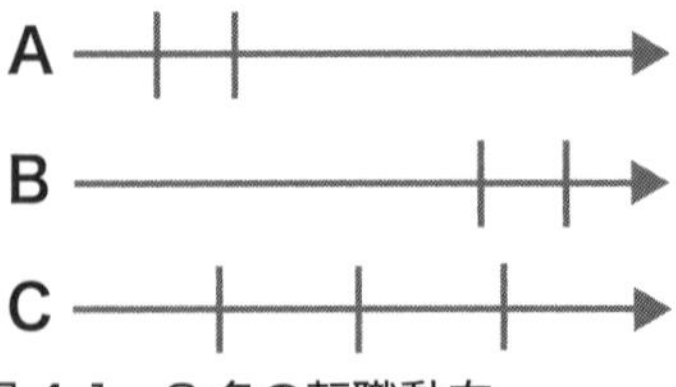

図4-1　3名の転職動向

Ｃさんは、定期的に転職を繰り返しています。

採用セミナーでアンケートをとると、ほとんどの方がＣさんは面接に呼ばない、という判断をしています。次いでＢさん、Ａさんについてはほぼ不問となっています。

Ｃさんを面接に呼ばない理由は、定期的に転職を繰り返しているからです。要するに「長続きしない」と判断され、採用担当者に嫌われてしまっているのです。企業によっては、理由すら確認せず、「秒」で落とされることもあります。このＣさんは転職することが癖になってしまっており、たとえ現職で上手くいっていても、「そろそろ辞めないと」という気持ちが湧いてくる人なのです。

私もこのような人材をサポートしたことがありますが、定期的に会社を変えていく傾向が強いと感じています。これは性格なので、他者が変えることは難しい領域なのかもしれません。

Ｂさんは、直近が気になるが、やはり長く働いていたことが評価され、理由によっては面接をする、という回答が多くなります。Ｂさんは、大手企業を早期退職した人がイメージに近いと思います。大手企業で20年以上働き、早期退職で他社へ転職するのですが、企業の社風に合わせることができず、孤立し、退職と転職を繰り返している人です。このＢさんは、大企業病が抜けきれていないだけで、よい経験値を持っていることが多いので、気持ちを切り替えれば、何とかなると考えることもできます。

このように短期離職を繰り返している人には、それぞれの特徴があります。多くの人材を採用してきた担当者は、傾向値として判断することもあるでしょう。この「短期離職」は「転職回数」よりも大きな要素を秘めているので、「採用基準」として考慮すべきことと考えます。

●「働いていない期間」をどう捉えるか?

職務経歴書を見ると、1年程度以上働いていない期間がある求職者がいます。このような求職者も面接に呼ぶかどうか、迷いが出てくることでしょう。仕事が長続きせず、ぶらぶら遊んでいる人かもしれません。また、転職がなかなか決まらず、評価の低い人なのか、ニートのように働くことに意識が低い人なのかという不安が湧いてきます。たいてい、このような不安要素は当たることが多く、その経験則から、書類選考で見送りを決断することが多いのです。

しかし、そうでもないケースもあります。例えば、私が携わっている法務人材は、「司法試験」にチャレンジした人がとても多いことが特徴です。最難関の一つであるこの国家試験は、寝る間も惜しんで取り組まなければいけない、タフな資格試験と認識されています。

求職者によっては、学生時代からアルバイトを行いつつ長年取り組んだ人や、いったん就職するも、退職して取り組む人も多く、当然ながら「働いていない期間」が長い人たちです。

また最近は「介護離職」も大きな問題となっています。親御さんの体調不良が原因で、仕事を辞めなければいけない人がおり、それが社会問題化しています。少子化の影響で、面倒をみられるのが自分しかいない、そのようなやむを得ない事情を抱えている人もいます。

この「働いていない期間」がある人に関しては、やはり理由を確認してほしいと思います。自分自身の内的要因に起因するのか、自分以外の外的要因に起因するのかなどでも状況は大きく変わってきます。

盲目的に入り口でカットするのではなく、まず「職務経歴書」から能力値を検討し、そして面接などで人物を見極める姿勢を持つことが書類選考において大切な要素であると思います。

●辞めた理由と選んだ理由から、ストーリー性を感じる

このように懸念点を感じた求職者の職務経歴書を見たときは、ストーリー性を感じることができるかどうかは大切な要素です。例えば、転職回数が多く、気になる人がいた場合、過去在籍した企

業やその業界、職種などを確認し、面接官として納得感がある程度得られるならば、面接に呼んでもよいでしょう。ちょっと気になること、なぜこのような行動をとったのか、などの興味を持つならば、それを面接で確認すべきです。

加えて、なぜ在籍していた企業を辞めたのか、という理由と、次の会社を選んだポイントは確認したいところです。例えば、在籍期間が短い人の場合、なぜ短期離職してしまったのか、ということです。私の過去の経験では、「求人票と違う仕事に配属された」「約束された給与ではなかった」「上司が非常に厳しく、パワハラ行為をする」「短期離職が当たり前の使い捨て企業だった」など多くの外部要因で短期離職をやむなくされているケースがありました。

転職の動機は、働きやすい環境を求めることや、待遇改善などもありますが、自分のやりたい仕事をする、今の仕事をさらに磨き、キャリアアップしたいなど志が高い人もたくさんいます。それら人材を、一緒くたに「仕事が続かない人」と断定するのはもったいないことかもしれません。

面接に呼び、「なぜこの会社を辞めたのか」「なぜこの会社を選んだのか」と確認する機会は設けてほしいと思います。

●ある大手企業のパワハラ上司の話

人材紹介業をしていると、必ず「悪名高い」企業に出会います。例えば、従業員をコマのように扱い使い捨てる、入社後、すぐに条件を下げる、正規雇用ではなく、非正規雇用で採用していたなどです。

その中で「パワハラをする上司」は割と多く挙げられますが、ある大手企業は、採用した人が必ず3か月の試用期間で辞める、という事例がありました。誰もが知る有名企業で、この企業の案件を紹介されたら、求職者は二つ返事で応募するくらい、ブランド力がある会社です。

その企業の法務部長は業界内では有名なパワハラ上司でした。採用面接のときは、本当に最高の笑顔で接し、よい雰囲気を醸し出すようでした。しかし入社すると一変し、これまでのキャリアを全否定し、「言葉で人を殺す」というくらい、エグいパワハラをするというのです。頭脳で仕事をする知識労働者にとって、言葉による暴力ほど気持ちがズタズタにされることはありません。多くの人が自信を喪失し、体調を崩し、短期で離職してしまうということでした。

過去この企業に入社した方を数名知っていますが、ほぼ全員3か月以内で辞めていました。私は求職者から職務経歴書を見てこの会社が記載されていると「さぞ、お辛かったでしょうね」と声をかけるようにしていました。

大手企業でもこのような事例がありますので、その点も考慮し、直接確認する器を持ってほしいと思います。

●「職務経歴書」は嘘を書いている場合もある

これまでは求職者を「職務経歴書」に記載された内容で精査し、面接に呼ぶ基準について言及してきましたが、ここでは「職務経歴書に嘘を書く人は結構います」という話をしていきたいと思います。

前述のように、転職回数を気にして、在籍した企業数をごまかす求職者がいるのですが、それ以外にも、とても多くの「ウソ」が記載されることがあります。日本人は、基本的に真面目ですから、そのような「ウソ」を書く人は少ないと信じたいところですが、目的を達成するためならば手段は選ばない、という層も少なからず存在しますので、それを理解しておく必要があります。

「性善説」を基本としすぎると、結果的に困るのは企業です。盲目的に「職務経歴書」を信じるのではなく、しっかりとチェックできるような姿勢で臨んでください。これもキャリアのストーリー性を考えてチェックすれば、「辻褄が合わない」などを感じ、嘘を見抜け、正しいジャッジができるはずです。

主に記載される「職務経歴書のウソ」
○卒業していない大学を記載する
○職位を盛る（マネージャーでないのに記載する）
○職務範囲を盛る
○個人成績や成果を盛る
○取得していない資格を記載する
○転職回数をごまかす
○短期離職した会社を削除する
○離職した会社の在籍期間を捏造する（離職期間をなくすため）
○働いたこともない会社名を記載する
○過去の年収を多く記載し、よい条件を引き出そうとする　など

●適正な面接時間について

中途採用では、適正な面接時間は存在します。皆さんは採用面接官としてどのくらいの時間をかけて求職者を選考しているでしょうか?

①30分以内
②50分程度
③1時間以上

採用セミナーでは、この質問を定番とし、毎回参加者に確認をしています。回答の中で一番多いのが①の30分以内、次いで②の50分程度となっています。③の1時間以上面接をしている企業は1会場で1割以下という状況です。

私はこれまで多くの中途採用の現場に携わってきましたが、1時間以上面接されないとほぼ落選でした。求職者に面接が終わったらすぐに電話してほしいと依頼し、その間、時計を見ながら連絡を待っていました。

例えば19時からの面接であれば、20時を越えてほしいと願いながら連絡を待っているのですが、19時45分くらいに電話が鳴ると、「ああ、落ちた」と思いがっかりしていました。本人は面接に手応えを感じている場合もあるのですが、細かく面接時の雰囲気を確認すると、だいたい何も聞かれていません。面接官は厳しいツッコミをすることもなく、無難に面接をまとめようとしていたのです。

このような面接は、ほぼ最初の5分程度で落選が決まっており、後は面接官が何度か無難な質問をしつつ、如何に気持ちよく帰ってもらおうとしか考えていません。面接官の経験があれば、この話は理解できると思いますが、このように落選させる面接はあっさり30分程度で終わるのです。

もし求職者が魅力的で、面接官がもっと求職者のことを見極めたいと思うなら、面接時間は必然長くなるはずです。１時間以上はその意味では決して長くなく、むしろミニマムと捉えるべきでしょう。30分以内で合格を出す面接とは、このようなプロセスを一切通過していない中身の薄い面接となっているはずです。

●悪い人はすぐわかるが、良い人はわからない

このような発言をすると、多くのセミナー参加者から反論をされます。

「人の良し悪しなんて30分も話せばわかる。何もダラダラ1時間も面接する必要なんてないだろう」

このような方の特徴は、かなりの面接経験があり、短時間で求職者を見極められることを自負しています。そしてたくさんの求職者を落とし、その数を自慢して、挙げ句「優秀な人がいないねぇ」という発言をしています。

しかし人材マーケットに15年身を置いている経験から申し上げると、「悪い人はすぐにわかるが、良い人かどうかなんて、簡単にはわからない」と感じます。この「良い人なんて簡単にはわからない」ということが人材業界に真剣に身をおいている人の共通認識です。このことを意識し、アルバイトを採用するような面接ではなく、正社員を採用する真剣な現場であることを忘れないようにしてください。

悪い人は本当にすぐにわかります。第一印象でわかる人もいれば、数分で「これは違うな」と思うこともあります。それは風貌、清潔感のなさ、視線、口調などから、社風には合わない、という直感的なものですが、そのようなものも含めてのジャッジとなります。

しかし良い人は簡単にはわかりません。むしろ、入社して働いてみないとわからないかもしれません。そのくらい、人を見極めることは困難なことなのです。そのため、面接時間を最低1時間はとり、求職者と粘り強く対話することが重要になります。長く話をすると、求職者の本質が見えてくることがあります。時間をかけて話すと、第一印象でよかった部分が段々と怪しくなり、メッキが剥がれることもよくあるのです。

「良い人だ、気に入った、採用！」というほぼ直感で決めていた企業は、面接時間を意識するだけで大きな改善ができるはずです。

●面接回数について

これも同様に採用セミナーのネタとして、いつも参加者に聞いている質問です。皆さんの会社では面接何回で合格を出していますか？

①１回
②２回
③３回以上

これも一番多いのが①の１回、次いで②の２回で、③の３回以上は１割にも満たない状況です。

私はなるべく③、少なくとも②ということを主張しています。

この話も同様に多くの参加者から「なぜそんなに何回も会わないといけないのか」という質問を受けます。そのような会社の特徴は、面接官が経営者のみか、経営者と採用担当の2人か、というごく少ない担当者で面接をし、決めている傾向にあります。

私がサポートしている企業では、日系企業であれば、2~3回が主流です。だいたい一次面接で人事と部門のマネージャークラス、二次面接で人事と部門の部長クラス、最終で役員、というイメージです。これが一次は部門、二次が人事、というケースもありますが、採用に関する責任者が出てくるという印象です。

これが外資系企業ともなると、面接回数が比べ物にならないくらい多くなります。スタッフレベルでも3回以上、管理職ともなると5回から6回、場合によってはそれ以上の面接回数を求められることがあります。

●ある外資系企業の事例

ある大手外資系IT企業の法務部スタッフの採用の事例を紹介します。

一次面接で部門長、二次面接で部門のメンバー全員（４名）、三次面接は法務部と関わりの深い他部署（このときは営業と財務経理）、四次面接は米国本社の上司となる人、そして最終面接は日本法人の社長でした。その間、業務能力を問う筆記試験も実施されました。

面接の基本姿勢は１対１です。例えば、二次面接は法務部メンバー４名と面接を行ったのですが、１人約30分程度の面接を４回行うのです。なぜこれだけの手間をかけて面接をするのかといえば、関係者一同の総意として採用をしたいという背景があります。

これが管理職ともなると、レポートラインとなる上司が増えるので、プラス２～３回となります。外資系企業の面接はサバイバルゲームといわれる所以です。

そのような面接をしている企業がある一方、１回30分程度で内定を出す企業もあります。求職者はどう捉えるでしょうか？　そのことを真剣に考えてほしいのです。

●人にこだわり、採りにいく姿勢を持つ

この企業は、今でこそ世界に冠たる企業として認知され人気企業として今ではなかなか入れない会社となっていますが、当時はまだまだ評価も定まっていない、「いつ消えてもおかしくない会社」

と揶揄されていました。

しかし当時の採用担当者はまさに命がけで人材にこだわっていました。「良い人材は、良い人材を呼びます。当社が人材にこだわる会社として認知されることが重要なのです」と力説されていました。人材にこだわり、採りにいく姿勢がある企業が異口同音に主張することを、この企業もお話ししていました。成長する企業との差があるとすれば、その点に尽きると思います。

●面接官は複数名必要と考える

面接官＝採用決定者、が基本ですが、特に中小企業となると、社長1人が選考し決定する、という傾向が強くなります。全国の中小企業向け採用セミナーで、面接官は誰が行うか、と質問すると、ほぼ半数以上が社長のみ、という反応です。

なぜ社長1人なのかというと、社長が気に入った人を入れたいという回答です。

良くいえば、人物重視、悪くいえば、社長の好き嫌いで採用を決定しているということになります。

確かに従業員が十数名程度であれば、社長の目の届く範囲で仕事は回すことができますから、このような採用方針でもよいかのもしれません。しかし、このような採用をしていたら、同じような従業員が集まり、会社の成長が期待できません。また、一緒に働くメンバーの声を無視していては、本当に欲しい人材から遠い人を採用し、業務上、大きな支障をきたす可能性すらあります。

事実、採用後に「失敗した」と考えることは多く、その失敗した採用のために、企業業績に負の影響を及ぼす経験をされた経営者はかなり多いと思います。

後述する「職業適応性」の考えでいえば、パーソナリティ（人物評価）だけで採用を決定しているのです。確かに人物は大切で、一緒に働きたいかどうか、というベンチマークとなりますが、やはり仕事ができないと意味がありません。

「職業適応性」から考える能力値を多角的に検証するためには、社長だけでなく、人事採用担当、そして仕事で接する上長などを加えた３名程度以上が理想でしょう。

●「職業適応性」を意識した面接を心がける

面接時の質問内容は、前述した「厚生労働省のガイドライン」を逸脱したものは禁止されています。よって、本人の能力に関係しない質問をすることができないのです。

職業上において必要なことを確認することになるのですが、しっかりとした「採用基準」を持たないと何を質問してもよいのかわからなくなってしまいます。

そのときによいとされているのが、ドナルドスーパーが提唱している「職業適応性」です（図4―2）。

ドナルドスーパーが提唱したこの図は、採用面接の骨組みを考える上でとても重要な要素です。

求職者が自社が求める仕事ができるかどうかという「職業適応性」を見極めるために、「能力」と「パーソナリティ」に分けて評価していくところから始まります。

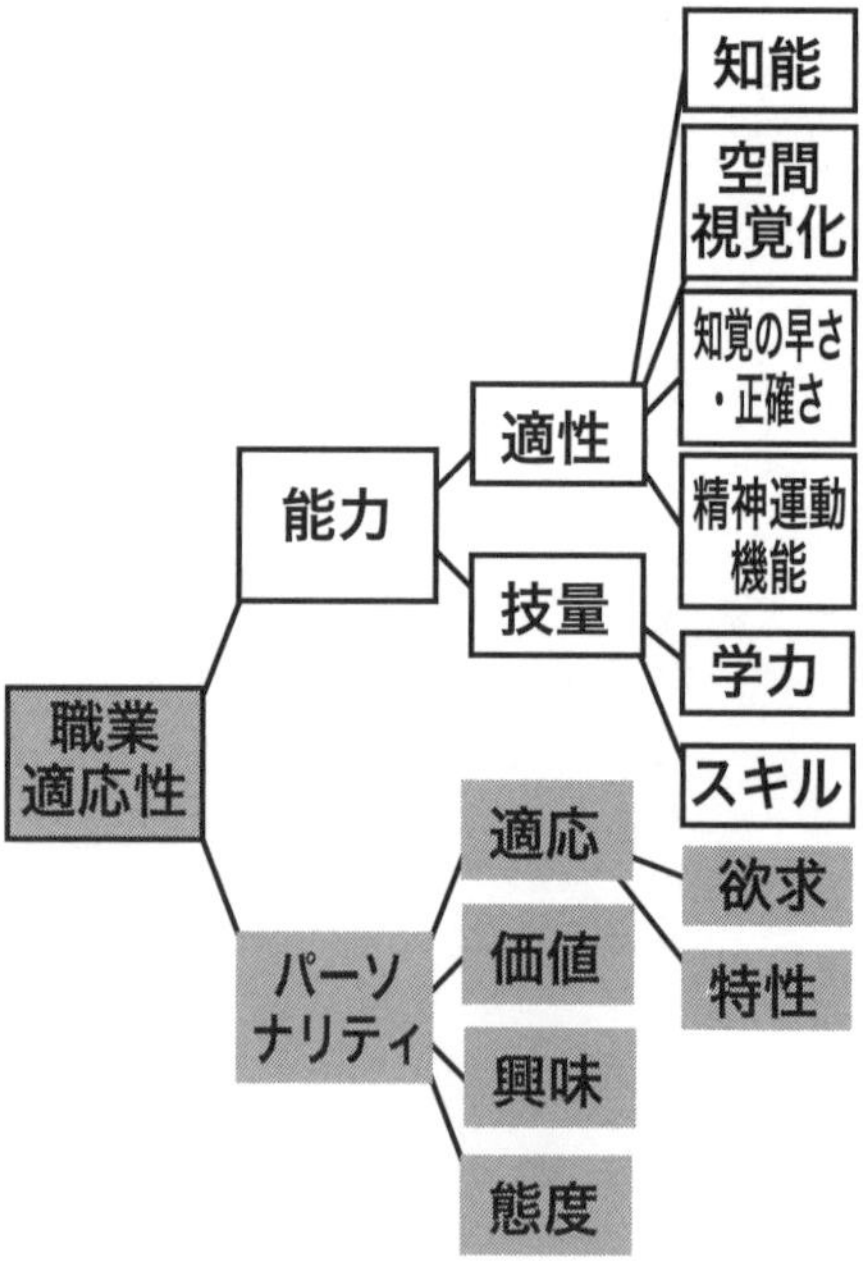

図4-2　職業適応性

●「能力」を見極めていく考え方

「能力」はさらに、「技量」と「適性」に分けることができ、そして「技量」は「学力」と「スキル」に分けることができます。この「技量」が職務経歴書に記載されている内容と考えることができます。まず書類選考でこの「技量」を見極め、面接に呼ぶかどうかを決定するのですが、当然面接でも、この点を重点的に検証することが重要となります。

この「技量」の見極めができれば、求職者の過去の実績が検証できますが、前述した「求職者の嘘」を見破ることもできます。しっかりと選考するための基準として、「ＪＤ」という発想にもつながるのです。

「学力」は、知識レベルのことです。学歴や取得した資格、語学力など職業遂行上、必要な学力のレベルをチェックします。

「スキル」は、職務上の経験値です。今までの職務内容と実績を確認します。例えば、営業職の採用では、営業成績は必須事項になります。売上目標達成率１２０％や、年間売上１億円達成など記載された内容について確認していきます。

「技量」の確認が終わったら、次は「適性」を見極めることになります。「技量」は求職者の過去、「適性」は未来です。要するに、「技量」を根拠に、自社で活躍することができる「適性」がある人かどうかを見極める行為です。

「適性」は「知能」「空間視覚化」「知覚の早さ・正確さ」「精神運動機能」などに分けられていますが、要するに「センス」のことです。仕事に対する「向き・不向き」とも捉えることができます。いくら学歴があって、頭がよさそうな人物でも、その仕事に向いていない人は「適性」がない、という判断になります。

例えば新卒採用時は、「技量」は「学力」しか判断要素がありません。そこから自社の仕事に向いているかどうかを考えなければいけないのですが、求職者も同様です。せっかく東京大学を卒業するのだから、誰もが知っている大手企業という判断で、都銀に入行するケースは多いですが、そもそも金融業に「適性」がなければ、本人は苦しいだけです。この「適性」を感じることができない人が短期で離職をしてしまうのです。

中途採用では、経験値である「スキル」が「採用基準」に加わりますので、今までやってきた仕事を他社で行うことが基本です。営業をやっていた人は、他社で同じ営業職を、法務をやっていた人は、他社で同じ法務の仕事をする、これが中途採用の基本的な考えとなるのです。

もし求職者が、貴社が求める仕事を経験していなければ「スキル」が足りないということになりますから、新卒採用と同じ基準で考えることになります。これを「ポテンシャル採用」といいます。最近は求職者も20代だけでなく、40代から50代まで年齢幅は広がっていますが、20代は「ポテンシャル採用」ができても、40代、50代はさすがに難しいという判断ができるのは、「スキル」がない上に「適性」も感じることができないからです。

●「パーソナリティ」も大切な「採用基準」

「能力」が検証できれば、次は「パーソナリティ」、人物評価を行います。書類選考時では「能力」はある程度見極められますが、「パーソナリティ」は面接で見極めることになります。

「パーソナリティ」は「適応」「価値」「興味」「態度」に分けることができます。このように分類すると、人物を見極めていくポイントが見えてくると思います。例えば、今回求めている仕事に対して、「能力」においては十分対応できる力がある求職者であっても、「社風に合いそうにない」「価値観がズレている」「当社に興味を持っていない」「面接時の態度が横柄」という印象を持ったとき、採用基準を満たしていないという判断ができます。

よく経験のある求職者が面接で落ちまくっているケースに遭遇しますが、ほぼこの「パーソナリティ」に問題があります。

前述の外資系企業の事例は、面接ステップが非常にタフでした。それは「能力」の検証作業に加え、「パーソナリティ」の見極めをかなり丁寧に行っているからです。スピード感を強く要求する職場において、如何に「能力」が高い人材であっても、「パーソナリティ」でミスマッチを感じれば落選させるという「採用基準」がしっかりと定義されていたのです。

このような企業では、応募要件に「外資系企業で過去に働いたことがあること」を入れている場合があるのですが、「価値観」「適応能力」などの要素を強く感じる「JD」と考えることができます。

●「能力」と「人物」、どちらが重要？

このように「能力」と「パーソナリティ」で「職業適応性」を分析してきましたが、「能力」がバッチリであっても、「パーソナリティ」で疑問を持てば、落選させることが重要といわれています。その基本的な考えは、「一緒に働きたいかどうか」です。

以前、知り合いのマネージャーと談笑しているときに、部下の採用の話になりました。その方はなかなか良い人材が採用できないという悩みを抱えていましたが、同時に、内定を出してよいレベルの人もいたんだ、という話になりました。「技量」はばっちりで、筆記試験の出来もよく「適性」も感じられ、能力面だけ考えれば、十分内定を出してよいと判断ができたそうです。しかし、「一緒に働きたい人」ではなかったので、そのことを人事部に相談に行くと、人事担当からは、「それは迷わずＮＧで大丈夫です」と回答されたそうです。

本人は、会社利益を考えれば、この求職者を採用したほうがよいと考え、この人材を見送ることに罪悪感を感じていたそうですが、人事担当からあっさりとＮＧでよいと言われたので拍子抜けした、というお話でした。

仕事をする上で、性格的に合わない人を無理に自分の部下に据える必要はありません。その部下を採用したことにより、結果、自分のパフォーマンスが落ちれば本末転倒です。

「能力」は時間をかければ伸びは期待できますが、「パーソナリティ」を変えることは容易ではありません。人は、育った環境や教育などで培われた価値観があります。それは他者が変えることは難しいのです。そのような無駄な努力をするよりも、「一緒に働きたい」と思う人を育てることに注力したほうがよいという事例でした。

●面接三大質問は外さない（自己紹介、志望動機、将来展望）

面接では、「自己紹介」「志望動機」「将来展望」というのが三大質問となっています。定番中の定番で、この三つを確認しない会社はレアとなっています。よって私は求職者にも、この三つの質問に対応できるだけの準備をして臨むことをアドバイスしています。

「自己紹介」は、求職者の過去を知るための質問です。「職務経歴書」にも記載されていることですが、面接では「敢えて」聞いてください。これで求職者の準備がわかります。名前だけいっておしまいの人もいれば、放っておくと30分以上話すような人もいます。それも含めて、どのように面接に際して準備しているのかがよくわかります。ただ、30分以上話す人の話を遮ることも大変ですから、「5分程度で」という前フリは必要と思います。

「志望動機」は、求職者の「興味」がわかります。なぜ当社に応募したのか、という質問は絶対してください。この志望動機が言えない求職者はとても多く、それは書類が通ったから面接にきました、という背景があるからです。「志望動機」が言えない求職者は、内定を出しても辞退、入社前に突然連絡を取ることができなくなるなどがあります。消える求職者は当然悪いですが、それを見極められなかった企業側にも原因はあります。

「将来展望」は、求職者のビジョンがわかります。せっかく入社しても短期離職をされてしまってはお互いに不幸です。入社後、短期間で離職する人の多くが、「ミスマッチ」を感じたからです。こんな会社とは思わなかった、思った仕事ができないなど、期待値と乖離した職場に絶望してしまうのですが、その期待値と現実の確認作業が面接でなされていなかったことが原因と考えることもできます。求職者が何を期待して面接にきているのかをあらかじめ確認し、誤解があるなら、面接時に修正しておく必要があります。

●「質問コーナー」の重要性

面接の最後には、必ず「質問コーナー」を用意してください。この「質問コーナー」は、今まで受け身だった求職者が貴社に対する疑問点について確認できる貴重な時間です。そして求職者の興味度合いを知ることができるということでもあります。「何か質問がありますか」という一言で、求職者の貴社に対する「興味」がわかります。

この「質問コーナー」で手応えを感じ、採用に確信を持つこともできる場合がありますが、一方、今まではよかったのに、急に冷めてしまった、と判断を覆すこともあります。

例えば、「特にありません」という回答です。今まで面接で十分確認できたのでもう聞くことはありません、という意味で言っていると思いますが、このような求職者は内定を出しても貴社には入社しないでしょう。

なぜなら、貴社に対して「興味」を持っていないからです。面接ではうまく話をまとめる「面接のプロ」がいます。聞かれた質問に関してはそつなく回答できるのですが、貴社に「興味」を持っていないので、質問することができません。通常「興味」を持った対象に対しては、質問は尽きないものです。まして、自分の人生を賭けた重要な面接の場面で、まったく質問をしない人は、「パーソナリティ」においても厳しい評価をすべきでしょう。

●「圧迫面接」をする意義

求職者が面接時に不快な思いをすること、それは「圧迫面接」をされたときです。「圧迫面接」とは、求職者に答えづらい質問をする、求職者の回答を否定する・反応しない、ピリついた空気感で求職者を追い込むなどの類です。このような不快な面接をされたことで求職者は企業を恨み、友人知人や家族、場合によってはSNSなどに悪評を拡散させます。

しかし、私はこの「圧迫面接」については、否定はしない考えを持っています。なぜなら、前述の求職者の「能力」と「パーソナリティ」を見極める上で重要と考えるからです。求職者はこのように説明するが、でもその回答に突っ込みたくなることがります。同様に、考えを否定してその反応を見たくなることもあります。

そのときの反応次第で、確信を得る、メッキが剥がれる、などの判断ができます。その求職者を評価するから、さらに確信を持ちたいために、あえて「圧迫面接」をしたいと考えるのです。

●興味がないなら突っ込まず、最高の笑顔で接する

よって、求職者を落とすことを考えているなら、絶対「圧迫面接」は行ってはいけないのです。見極めるための手段と捉えることができる「圧迫面接」をすでに落とすと決めている求職者に使うと、それはただのいじめであり悪口です。

「このままではこの求職者は同じことを繰り返す。当社では縁はなかったが、次の面接のためにあえて厳しいことを言いました」という採用担当者もいるでしょうが、それは余計なおせっかいというものです。

あくまでも貴社の「採用基準」に合わなかっただけで、他社ではわかりません。採用してくれるならおせっかいは必要でしょうが、落とす人に対しては余計なお世話です。しかも、素直に聞いてくれるならよいですが、前述のようにＳＮＳで拡散されてしまっては、貴社にはまったくメリット

がありません。

落とすと決めた求職者は、最高の笑顔で送り出し、「あの会社は落ちたけど、皆さん、すごくよい印象だったなぁ」と思わせたほうがよいのです。

●希望年収、他社進捗、出社可能日の三つの質問は忘れずに

求職者に対して興味を持つことができたら、この三つの質問を必ず行いましょう。私も求職者に対して、この三つの質問がなければ落ちたと思え、と言うくらい重要な質問としています。

希望年収は、求職者にとって一番の関心事です。現在の収入よりも上げたいというのが本音で、もし現職よりも下がってしまうと、せっかく内定を貰ったとしても、辞退される可能性があります。

この年収については、業界、職種、会社規模、就業規定など、さまざまな要素が絡むので、とても難しいものです。業界によって給与相場が違う場合、高い相場の業界から低い業界へと変わる場合は現収よりも下げた条件提示となるかもしれません。

求職者は年収が下がることをある程度想定していたとしても、実際下がった提示を受けると、途端に萎えてしまいます。採用担当からすれば、「当社の基準に合わせる、それだけだ」という気持

ちかもしれませんが、であれば、合わないということを面接時に伝え、選考を続けるか、止めるかを早めに決断すべきでしょう。時間をかけて、結果ダメでした、というほど虚しいものはありません。年収で折り合うのかどうかを早めに確認すべきでしょう。

他社進捗も重要です。面接で手応えを感じたとき、一番はじめに気にすべきことは他社も同じような評価をしているということです。求人企業側は、求職者が単願で応募していると考えたいところでしょうが、複数の会社を応募することは普通のことです。むしろ、余程のマッチ度を感じない限り、他社を併願して選考を進め、その中からよい企業を選択することは常識です。それは企業も同様に複数の求職者から選んでいる行為と何ら変わりはありません。

よって、他にどのような企業を応募しているのかを確認してください。求職者によっては、詳細に教えてくれないことがありますが、少なくとも業界と職種、職位、そしてどのステップまで進んでいるのかについては確認すべきです。もし一次面接が終わった地点で他社がすでに最終面接に突入している場合は、進捗を合わせることも大切です。二次面接の調整をしていたら他社内定で辞退、ということになってしまいます。

出社可能日も重要ですが、特に現職で働いている求職者は絶対要件にすべきでしょう。求人企業はほとんどの場合、いつまでに入社してほしいという希望を持っているはずです。そこから逆算し、求人活動を行っているはずですが、内定者がいつまで経っても入社しないと仕事に大きな支障をきたします。

求人企業は選考には時間をかけていますが、内定を出せば、すぐにきてくれるだろうと高をくくっている節があります。私も入社交渉のサポートをしているとき、採用担当者からいつ入社できるのかという厳しい追求を何度も経験しています。採用を決断したのだから、一刻も早く新体制で臨みたいという部門の意向も強いでしょう。

一方求職者は内定を貰うまでは一生懸命ですが、内定後はさまざまなことが現実となるため、ギアが落ちていきます。「立つ鳥跡を濁さず」という気持ちも働き、引き継ぎに時間をかけてしっかりと行いたいとも考えます。そうすると、引き継ぎに3か月以上、場合によっては半年、などということを平気で言い出すことにもなりかねません。そのため、面接時になるべく自社都合も伝える必要があるのです。

いつ頃入社できるか、という問いに対して「内定後、1か月以内」というのが通例ですが、それを求職者側にも認知させてください。

●選考プロセスでは必ず社長が出たほうがよい

採用プロセスは前述のように複数回で数名の面接官で行うことを基本としてほしいのですが、そのプロセスの中で、できれば社長、少なくとも役員が登場する機会をつくってほしいと思います。企業の中で一番会社を愛している人は社長です。その社長の話は求職者にとっては宝です。面白おかしく会社について語る雰囲気は、リアルに貴社をイメージできる瞬間でもあるのです。

そして採用プロセスに社長が登場することで、求職者にプレミア感を持たせる効果もあります。自分を採用するために、社長まで登場した、となれば、内定受諾率も上がるでしょう。最終面接の５分程度でも構わないので、是非、採用プロセスに登場させてください。

●「ウェブ面接」のメリット・デメリット

最近、コロナ禍の影響で「ウェブ面接」が常態化しています。この「ウェブ面接」は求人企業、求職者ともにメリットがある方法で、面接だけでなく、会社説明会などにも運用されています。

メリットは、以下に挙げます。

◆スケジュール管理が楽
◆地方在住の求職者にもチャンスが増える
◆コストが抑えられる
◆面接官以外の関係者との情報共有が可能
◆録画機能で複数回検証が可能になった

求職者を募るときに、どうしても距離と時間の壁があり、遠距離に住む求職者の確保が難しい状況でした。しかし「ウェブ面接」を行うことで、日本全国や海外在住者まで選考対象が増やすことができます。これまで物理的に出会えなかった人まで選考対象になることはとてもよいことでしょう。

録画機能を利用することも、1回の面接を複数回確認でき、面接官以外の関係者複数名での検証が可能になり、求職者情報を共有できるようになりました。特に部門で一緒に働くことになるスタッフの意見も吸い上げることができ、入社後の組織運営にもよい影響を与えることができるでしょう。前述のように面接は総意で人材を決めることがとても重要で、採用に関係したという自覚があれば、入社後も当事者意識を持ち、求職者を迎え入れる雰囲気となります。結果、定着率向上へと結びつくのです。

ではデメリットはどうでしょうか？

◆求職者の一部分しかわからない
◆インターネット環境によりストレスを受ける場合がある
◆面接官が不慣れで冷たい印象を与えてしまう
◆内定辞退数・率ともに上がる
◆フォローアップが難しい

手軽に行えるようになったウェブ面接のメリットは、同時に、求職者に選択肢を多く与えることになったということです。今までのリアル面接では、物理的な問題があり、応募できる企業に限りがありましたが、ウェブ面接ではその問題を解決することができます。

特に優秀な人材は複数社応募が可能となったことで、内定数も増えていきます。欲しい人材は引く手あまたで、それは好景気・不景気は関係ありません。そのため、内定辞退数・率ともに上がっていくことになるのです。優秀な人材の獲得競争はさらに激化することが予想されます。

また、どうしても画面越しに対応するため、応募企業に対する感情移入が弱くなることになります。リアルな面接では、企業へ訪問し、面接官と対面で会うまで、さまざまなプロセスを経ます。企業までの経路、企業の外観などから感じる印象、受付から面接会場までで出会う社員、そこから感じとることができる社風など、そのプロセスが一切カットされてしまうのです。

私は面接に同行することを意識して求職者をサポートしていましたが、このようなプロセスはとても重要な要素であると感じていました。リアルで会った面接官の雰囲気から感じとることができるさまざまな「情」が反映されないため、内定が出ても辞退しやすい雰囲気になってしまいます。商談も電話やメールでは断りやすいですが、実際対面で行うとまとまりやすい傾向にあります。良い人材を確保するために、ある程度プレミア感を演出することは大切な要素です。

そのため、すべて「ウェブ面接」ということはせず、最終面接だけでもリアルで行う必要性はあると考えます。

第5章　内定者を逃さないためのアプローチ

●内定辞退をされたとき

選考プロセスを経て、晴れて求職者に内定を出しても、その後急に連絡が取れなくなるときがあります。また、内定を辞退する求職者も出てきます。

「せっかくの内定をなぜ辞退するのか？　そんなことならはじめから面接にこなければいいじゃないか！」

そのように怒りの感情を顕にする採用担当者は多いと思います。そしてそのような企業は面接辞退が一度ならず、数度続く傾向があり、そこではじめて「当社はそんなに魅力がない会社なのか……」と気づき、自信をなくす採用担当者にも数多く出会ってきました。

求職者はなぜ面接に時間をかけていたにも関わらず、内定を辞退してしまうのでしょうか？　第5章では、求職者の内面にも言及し、事例を交えて紹介して参ります。

●内定辞退の理由とは？

内定辞退する求職者にも理由があります。図5―1はエン・ジャパンの資料による、内定辞退の理由を示したものです。

一番の理由は、「勤務地・給与などの折り合いがつかなかった」、次いで「社風が自分とは合わないと思った」「他社で内定が出た」となります。そして興味深いところは「求人情報と面接時の条件で齟齬があった」というものです。

簡単にまとめれば、求人前にわかることと、面接を通じて興味が薄れた、という面接前と面接後で理由がそれぞれあるということです。

例えば、「勤務地や給与で折り合いがつかなかった」という点では、求人票で記載されている内容であるべきで、面接時においても確認可能なことです。その検証作業を行っていないという解釈ができます。

また、「他社選考で内定が出た」という理由は、面接時に他社進捗を確認することでライバル企業の存在を認知することができたのに、その確認作業を怠ったということがいえる

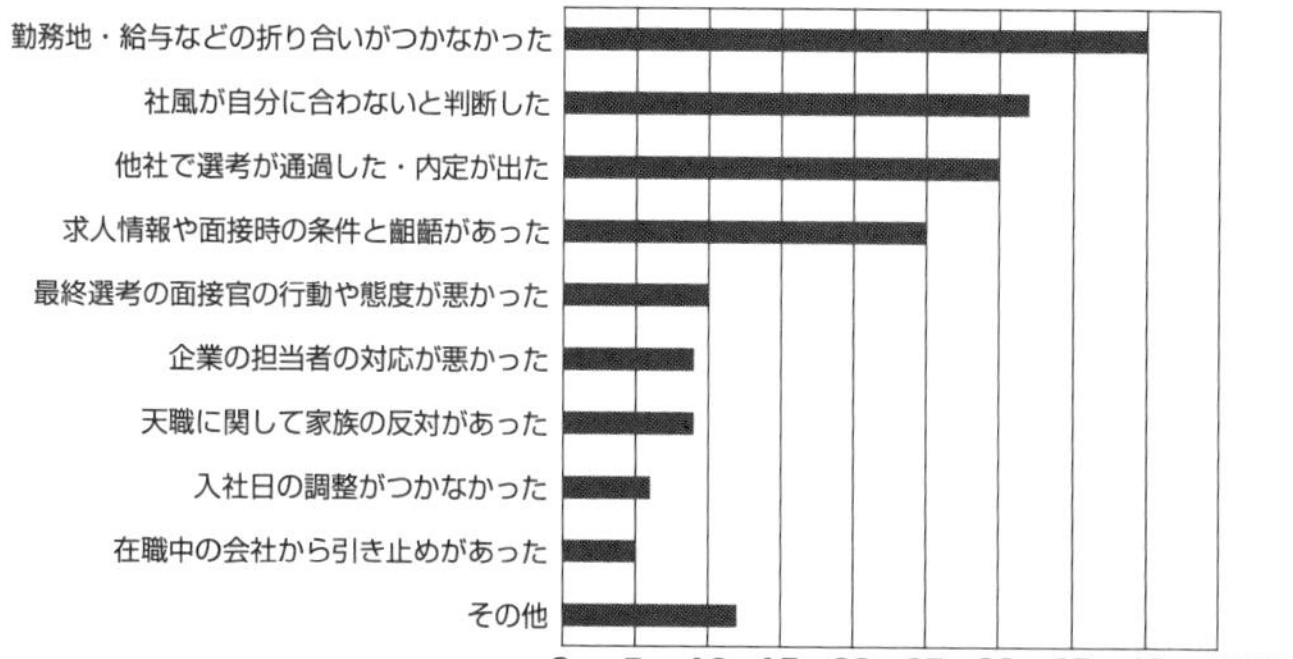

図 5-1　内定後に辞退をした理由（複数回答可）

出典：エン　『人事のミカタ「辞退の心理 2018」』

と思います。

「だったら内定前に辞退してくれ」と思ってしまいますが、求職者は内定が出るまでは必死なので、そのような余裕はありません。面接時に違和感を感じていたとしても、内定をとりにいく姿勢を持っているのです。多くの求職者は内定獲得が目的となっているため、内定獲得後に急に冷静になり、不安を感じた結果、辞退してしまうのです。

そのような背景も理解いただき、内定を出すレベルの人材と思えば、求職者が抱える不安要素を面接時につぶしていくという姿勢を持たなければいけません。

●他社を選択する求職者が想定できなかった採用担当

以前、出版社と石油関連企業の人事担当者が採用について話をしているところに居合わせたことがあります。両社とも日本を代表する大手企業で、採用についてはまったく困っていない印象でしたが、実際は中途採用で苦戦していました。

「先日中途で2名内定出したのですが、2名とも辞退してしまいました。だから困ってしまって……」（出版社人事）

「2名とも辞退ですか！　それは許せないですね！　理由はなんと言っていましたか?」（石油関連企業人事）

「それがよくわからなくて……」（出版社人事）

「失礼な人は多いですね！　実は当社も同じようなことがあって……」（石油関連企業人事）

この会話を聞いて、とても違和感を覚えました。確かに両社とも日本を代表する企業ですから、応募を希望する求職者は多かったと思います。その厳しい選考を勝ち抜いて内定を獲得したのだから、当然受諾するだろうし、入社するだろうと考えていたと思います。「ブランド企業」の一員になれるという名誉を得たのだから、内定を辞退することなどありえないと高をくっていたのでしょう。

しかし少し考えれば内定辞退の理由もわかります。このような「ブランド企業」が内定を出すような人は、当然、他の「ブランド企業」からも内定を得ていることが想定できます。おそらくこの求職者は複数社から内定を得て、比較検討の結果、他社を選んだと思います。

もしくは、大手日本企業はメンバーシップ型雇用の色が強いため、入社後にどのような仕事になるのかが見えなかったのかもしれません。大手企業に入社して定年までという発想ではなく、自分の専門性をさらに磨きたいと考えていたとすれば、大手企業のキャリアがあまり魅力的でないことに気づいた可能性もあります。

内定辞退される企業は、他社選考を考慮しない採用担当が結構います。その背景には、自社ブランドに過度に依存していることや、採用担当自身が転職活動をしたことがないことが原因と考えられます。求職者が何を求め面接にきているのかに関心がなく、とにかく入社できれば嬉しいでしょう？　という上目線採用を行っているケースも多く報告を受けています。

また同時に、ブランド企業故、中途採用に失敗しても採用担当が責任追及をされることもない社風であることも挙げられます。これが外資系企業やベンチャー企業であれば、採用できない人事は無能とばかりに厳しい評価を突きつけられてしまうので、内定辞退される状況は自身の死活問題になってしまいます。このような緊迫感のない緩い職場では、求職者に逃げられても不思議ではありません。

さらにこのような企業は、中途採用をしていても「アンチ中途採用」です。自分が転職をしたことがないため、転職する求職者の気持ちが理解できないのです。そのため2回以上転職をする人は、どこかおかしいとも考えています。当然、中途採用で入社した人に対する差別的な評価も存在し、そのような企業はプロパー社員が有利な就業規則や昇進機会なども存在します。

このように中途社員を差別する就業規則が当たり前と思っている節もあります。自社にはいない優秀な人材を確保するといいつつも、入社後の評価は一番低い、というケースは多く報告を受けています。このように冷静に考えれば、大手企業だからといって、必ず内定受諾するとは限らないのです。

自分が持つ、絶対的価値観を基準にしていると、求職者が内定辞退する背景も理解できず、ただ批判することしかできません。なぜ内定辞退されたのかを自分の責任と捉え追求する姿勢がなければ、この問題は一生解決できないでしょう。

●内定通知書に記載すべき事項

我が国では、労働基準法により、日本人、外国人を問わず、雇用締結の際、労働条件通知書として、一定の労働条件を明示する、内定通知書を明示することが義務付けられています。必ず明示しなければいけない事項としては、次のようなものがあります。

◆労働契約の期間
◆就業の場所・従事すべき業務

◆始業・就業の時刻、所定労働時間を超える労働（早出・残業等）の有無、休憩時間、休日及び労働者を2組以上に分けて就業させる場合における就業時転換に関する事項
◆賃金の決定、計算・支払いの方法および賃金の締め切り・支払いの時期
◆退職に関する事項（解雇の事由も含む）
※このうち、昇給に関する事項以外は書面によらなければならない事項とされています。

このような事項を記載した内定通知書に対し、社判などを押した正式なものを2通作成し、内定者のサインした書類を両者で交わすことで正式に内定受諾となります。

●求人内容と乖離した内定通知は絶対出さない

求職者サポートをしていると、内定条件が求人票と大きく乖離しているケースがあることに驚きます。例えば、求人票で記載された勤務地とは違う場所への配属、想定年収よりも低い提示、そして正規雇用ではなく、契約社員としての採用などが挙げられます。

通常、求人票と違う内容の内定通知は、面接の根幹を揺るがしかねないものです。内定辞退され

て当然といわれても仕方ないですが、なぜそのようなことを行うのでしょうか？

その背景には、求職者よりも求人企業のほうが立場が上、という感覚があるからと考えられます。面接では、どうしても求職者は選ばれる立場で受け身の姿勢で面接をすることになりますから、企業がそのように誤解しても致し方ないと思います。

しかし、内定が出れば、両者の目線は同じになります。求職者も自分の身を預けてよい企業かどうかをこの地点で冷静に検証できるようになるのです。いわば、面接ステップはファンタジーな状態、内定が出た瞬間からリアルになる、ということです。

自分がはたしてこの会社に転職してもよいのかと真剣に考えているときに、求人票と違う条件を提示されれば、求職者は驚き、そして萎えてしまいます。そして失望とともに、求人企業の悪評を世間に拡散するかもしれません。

採用できれば誰でもよい、と考えているなら別ですが、人材にこだわりたいという姿勢であれば、自社が不義を行ってはいけません。労使は平等である、という観点に立ち、このような齟齬を起こしてはいけないのです。

●リアルとファンタジーを知る

それでは求職者の心理を知る作業を行います。図5—2は時系列で求職者心理を表したものです。

情報収集、応募、面接までは、求職者はまだ何も決まっていない状況です。よって、目的は内定をとることになります。自分をどう上手くアピールするか、気に入られるような言動を注意深く発し、なるべくポジティブな印象を出そうと努力します。

しかし内定が出ると、とたんにリアルになります。はたしてこの

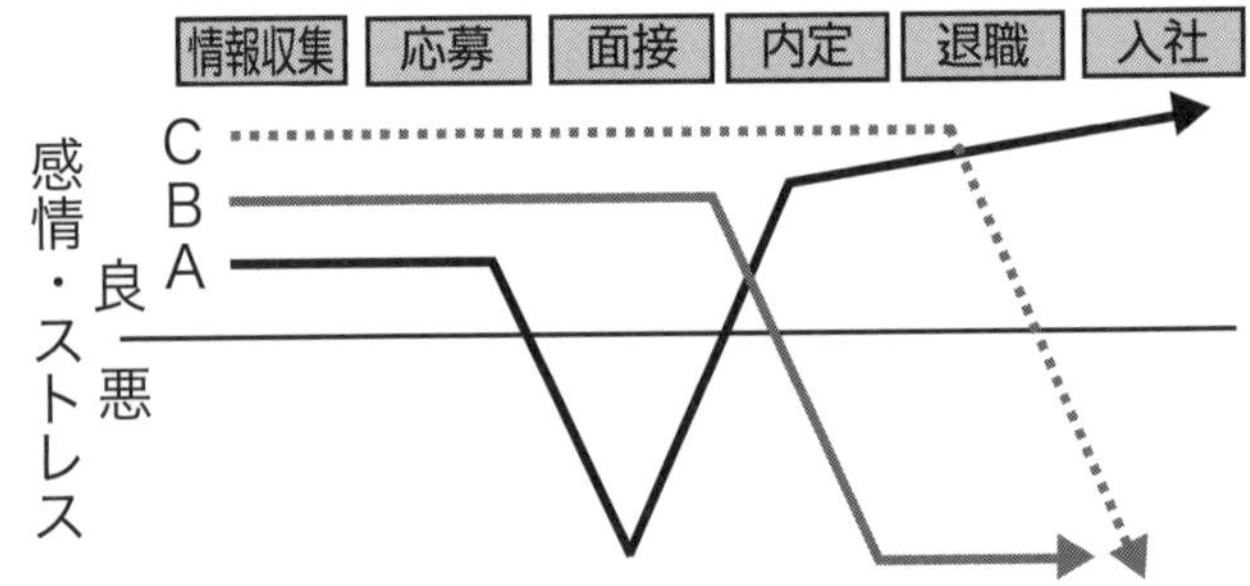

図 5-2　時系列で表した求職者の心理

A パターン：キャリアにこだわった人

書類選考や面接などの採用ステップで苦労するが目的が明確である。選考を重なる中で自分の適性がわかり、理想企業から内定が出て満足して働いている。

B パターン：とりあえず転職活動をした人

企業から評価も高いために内定まで進むが、本当に転職したかったのか、この会社でよいのかと思い、気分が落ち込む。内定辞退者も現れる。

C パターン：入社後後悔する人

戦略なく転職活動をした結果、転職が目的化している人。入社後、現実を知り、非常に後悔する人。短期離職が懸念される。

会社でよかったのか、とはじめて冷静に考えるのです。そしてその不安が解消できないと内定辞退することになります。

●内定者が持つ不安を知る

タフな面接を突破し、晴れて内定を勝ち取ったのだから、求職者はさぞ喜びに満ちているだろうと考える採用担当者は多く、その企業が「ブランド企業」であれば、求職者は躊躇なく内定を受諾するだろうと考えています。

しかし前述のように、求職者はリアルを感じ行動をするため、企業の考えとは違い、この会社でよいのだろうかという不安に掻き立てられています。その心理を理解していないと、求職者に冷たい印象を与えてしまいます。

私は求職者からの相談を有料で受けるサービスを提供していますが、そのうち約半数は、内定を受諾すべきかどうかのセカンドオピニオンを求めるものです。

私自身が転職エージェントとして活動しているときも、クロージングには一番気を使っていました。内定が出ると求職者心理は「内定が出たらいいな」から「ちょっとこれは大変なことになった」

と考えるようになるからです。そのくらい、求職者は内定が出た後に「気持ちが揺れる」のです。

●不安要素として挙げられる変化について

◆会社や上司・同僚が変わること
◆仕事の進め方や得意先・仕入先も変わること
◆通勤経路も変わる
◆就業規定が変わる
◆価値観が変わる　など

今まで意識してこなかった当たり前のことが、新しい環境に移ることによって可視化され不安要素となり、どんどん増長していきます。そしてはたして自分が今までやってきたことが通用するかわからないという先行き不透明感が強まり、最悪の場合、その場から逃げ出してしまうのです。求職者と急に連絡が取れなくなるのは、このような背景があるからです。

この不安は、多くが準備不足に起因していますが、準備万端で間違いない条件を得られたとしても、１８０度自分の考えを変える人もいます。人はとても弱い生き物なのです。

このように、求職者は常に不安と戦いながら転職活動をしていることを採用担当者は理解しておくべきでしょう。

●内定通知をどのような形で行うのか？

このような求職者の不安を知らない求人企業は、不安を解決しようとする発想がありません。通常、内定者には雇用条件を提示する義務がありますが、それをしない企業、十分でない企業がとても多いのです。例えば次のようなことです。

①内定通知書を提示せず、電話など口頭で説明するのみ
②内定通知書は提示するものの、記載が不十分
③不十分な状況にも関わらず、回答を強要する

まず①は問題外です。しかし意外と多くの企業が内定通知書を文書で提示しないという対応で

す。内定通知書がないのにどうやって決めればよいか、求職者は判断に迷うことは当然です。その当然のことを、慣習として提示していないの一点張りで通し、挙げ句、「当社を信用できないのか！」と半ば脅し文句で求職者に内定受諾を迫ることも報告されています。

次に②も多くの事例が挙げられます。例えば、給与条件を記載しない企業。月額給与やボーナス、諸手当など求職者が最も知りたい情報が欠落しているのです。

また、給与の内訳の記載がない、支給を約束しない残業手当の記載など、知識不足の求職者を騙そうとしているような内定通知書は数多く存在します。我々のようなプロが入れば、記載されていない情報の確認はできますが、慣れていない求職者が直接企業に応募している場合は、なかなか難しいことです。

その情報不足で迷っている求職者に対し、内定受諾を強要する企業が目立ちます。企業からすると、「当社が信じられないのか！」と考えていると思われますが、十分な内定通知書を出していない企業を信じられる道理がありません。

採用担当者は異動や退職などで変わることがあります。後任となった担当者は、個々の口約束についてまで責任を負うことはできません。「言った、言わない」の水かけ論となり、証拠不十分なら、企業が有利になることは必然です。だからしっかりと文面で出す必要があるのです。

そのような基本的な条件提示をしていない企業は、求職者から逃げられても何一つ文句は言えないのです。

●他社進捗がある場合を考慮する

第４章で他社進捗確認の重要性に言及しましたが、内定通知を出すときも強く意識しなければいけません。

内定辞退されてはじめて求職者が他社を受けていたことを知る採用担当者が稀にいますが、あまりにピュアで無知な発想と驚きます。

内定を出したら受諾するものだろうと考えるのは自由ですが、求職者にも人生がかかっていることを忘れてはいけないのです。自分をより高く評価してくれる企業、条件がよい企業を選ぶことは至極当然のことです。

何度も言いますが、内定が出ると求職者は迷うのです。それを当たり前なことと捉え、求職者の不安を拭うようなサポートする気持ちを持たなければいけません。盲目的に求職者のことを批判せず、寄り添う姿勢を持ってほしいと思います。

そのような事情を考慮すると、内定通知方法がとても大切になってきますが、多くの企業がその点を意識していません。

例えば、採用セミナーで毎回アンケートをとるのですが、内定通知方法として一番多いのが郵送、次いで電話による口頭での通知です。残念ながら面談による通知はほぼ皆無でした。郵送での通知の場合、もし連絡がなかったらそのまま辞退とみなして放置する、ということになるのでしょう。このような通知方法は、私は採用のプロとして到底受け入れられず、もし経営者の立場ならば、このような怠慢採用担当者にはもう任せられないと考えるでしょう。

●内定通知の方法

私は、転職コンサルタントとして企業に代わり、内定通知書を求職者に提示していますが、必ず対面で行っています。

対面で行う理由は一つです。求職者の反応がわかるからです。内定通知書を提示したとき、求職者はどんな顔をするのか。喜ぶのか、不安になるのか、交渉しようとするのか、他社と比較しているのかなどを確認します。そのような求職者心理がわかる瞬間を逃すことは、採用のプロとしてはあり得ません。

これは営業でたとえれば、見積もりを郵送やメールで送って、「よろしければ検討してください」と言っているようなものです。このような営業活動をしている担当者はクビになってもおかしくはありません。優秀な営業マンは絶対対面で条件提示し、その場で交渉をまとめようとする気概を持っています。郵送やメールで交渉をまとめるのは、よほどの商品力があるか、売れるという確信があるのかと考えます。とても難易度の高い営業手法です。

条件提示をして「検討します」と言われたら、いったい何を検討するのかを追求しなければいけません。そこで自社で採用できるか、できないかを見極め、できる可能性があるならしっかりとフォローアップをし、できないと思うなら、きっぱり諦めて他者に切り替えるくらいのスピード感がないとダメです。

対面で内定通知を提示することは、最低限のマナーであると同時に、人材確保のための採用戦略の基本であると考えましょう。

●内定者面談を必須とする

そのように説明すると「内定を出すか出さないかを伝えない段階で、企業にどうやって呼ぶのか？」と質問をされる方がいます。確かに求職者もどう捉えればよいのか解釈に悩むかもしれません。

であれば、内定通知をする予告を電話やメールなどで行い、内定者面談で詳細について説明すると言えばよいでしょう。前述のように、内定を出した段階で、求人企業と求職者の目線は同じとなります。その観点からも、お会いして内定について説明させてください、という姿勢を持つべきでしょう。この内定者面談は、求職者の不安を解消する効果が絶大です。中途採用に慣れた企業では当たり前のように行っており、結果、内定受諾率も上がっています。

内定を出したレベルの求職者をここで逃してしまうと、今までかけたコストと時間が無駄になってしまいます。中途採用では、募集から内定、入社までを考えると、おおよそ半年ほどかかるのですが、せっかく苦労して内定を出した求職者を逃してしまえば、これまでのかけた時間をロスしてしまいます。そしてさらに半年かけて新しい求職者を見つけていくことになるので、採用担当者の責任はとても重大です。

内定を受諾から入社まで無事にたどり着くまではかなり気を使う、ということです。そのために採用担当者が行わなければいけないことは、「求職者に内定を受諾してもらうためなら何でもやる」という気概です。

●内定者面談で確認すること

内定者面談では、内定通知書の説明、なぜ内定を出したのかという評価、これから一緒に働くメンバーの紹介、オフィスツアー、その他求職者が抱える疑問に対する丁寧な回答、などを目的とします。

面接では聞けなかったことが求職者は山ほどあります。例えば待遇面についての確認です。給与の詳細、昇格についての評価制度などは当然ですが、求人票に書いてあった内容でも、例えば、育児休暇はどれだけ取得できているのか、残業時間、有給取得率、昇給・昇格に関する事項や要件、福利厚生など多岐に及びます。

それらをすべて説明し、丁寧な対応することが、求職者を仲間として迎え入れるという企業の姿勢になります。これを採用担当者のルーティンにしているのか否かで、内定受諾率が大きく変わります。また、入社後のミスマッチに起因する短期退職防止にもつながっていきます。

●たとえ内定辞退されても、貴社評価は上がる！

このように丁寧な内定者面談をスタンダードにすることが大切です。内定者面談が常態化すれば、社内で中途採用に対する意識が高まります。

昨今は中途採用が当たり前で、今までの新卒プロパー重視の姿勢から、適材適所の即戦力を迎え入れるという時代に変化しています。その次代の変化に合わせる気持ちを全社で共有することが重要です。今なお、中途採用組は昇進において差別的な対応をしている企業が多いのですが、そのような態度ではせっかく採用した戦力がまた他社へ流出してしまいます。まず全社で中途採用に対する理解を深め、仲間として迎え入れる気持ちを持つことが大切です。

しかしこのように丁寧に内定者面談をしても内定辞退されることはあります。そのような状況になると、丁寧過ぎる対応が逆に仇となって、求職者がつけ上がったと考える人もいるかもしれません。

しかし、内定辞退者に対しては、自社にフィットする人材ではなかったと捉え、たとえ入社しても短期離職の可能性があったと考えましょう。内定者面談は、求職者のためでもありますが、求人企業が改めて求職者の人物を見極める時間でもあるのです。

たとえ内定辞退されたとしても、そのときの求職者に対する丁寧な姿勢は、必ず心に響いています。今回は縁がなかったが、もし次があれば、という未来の話もできるかもしれません。さらに、前述したように、「優秀な人材の友人も優秀」という法則がありますから、評判を聞きつけた友人が貴社へ応募することも十分期待できます。

ある意味地道な作業ではありますが、このような採用ブランディング活動は、長い時間をかけて積み上げていく姿勢を持つことがとても重要となるのです。

●契約社員スタートは便利だがリスクも高い

ここで内定通知書に関する内容で、求職者が一番嫌がることについて紹介します。それが「契約社員スタート」です。

通常の正規雇用では、採用後、一定の試用期間を経て本採用という手順を踏みますが、もしパフォーマンスが悪く試用期間で終了したいと考えても、企業は通常の解雇手続きをとらなければいけません。そうなると、労働法の縛りなどがあり、解雇しづらいと考える求人企業の中に、正規雇用採用の試用期間ではなく、まず契約社員として採用をする、と考えることがあります。

私も過去数社から、このような求人を受けたことがありますが、契約社員採用の理由は、「パフォーマンスが悪い人を解雇しやすいから」と説明されます。確かに求人企業にとっては保険がかけられ、都合がよい発想かもしれません。

しかし求職者は、この「契約社員スタート」を一番嫌います。

企業側は自社に都合がよいという理由で契約社員スタートを打診しても、求職者は、契約社員のリスクが頭をよぎり、一気に貴社に対する興味が冷めてしまいます。契約期間終了＝仕事を失う、という図式です。企業が如何に正規雇用の可能性について説明したとしても、雇用契約上は、契約期間が終了するまでの雇用、と記載することになりますから求職者の不安を解消することはできません。

●準社員というまやかしは止めるべき

契約社員では印象がよくないため、「準社員」での採用を打診する企業があります。「準社員」と聞くと、正規雇用に近い意味かな、という印象がありますが、実態は契約社員であり、非正規雇用のことになります。

労働局に確認をしたところ、法律上の規定がないため、企業によって規定は異なるという見解でしたが、正規雇用ではないなら、それはただの非正規雇用です。

ある企業では、正規雇用と契約社員の間、という説明をしていますが、雇用に条件を付けていることには変わりなく、社員、という言葉を入れることで表現を柔らかく変えているに過ぎません。

また5年ルールの適応も契約社員と同様に受けることになるので、「準社員」であっても、５年経過すれば申し出のみで、正規雇用になることができます。

今はインターネット社会ですから、企業情報について気軽に検索できる環境があります。もし過去に契約期間終了後、５年ルールを守らず、正社員登用しなかったのであれば、事例として、その書き込みが拡散されることになります。

そのような悪名が立ってしまうと、今後、応募者すら集まらない企業となってしまうでしょう。

●入社時期についての確認

第４章でも言及した入社時期についてですが、内定通知時には改めて調整する必要があります。内定通知書には、入社時期を記載する必要がありますが、これはあくまでも予定日です。

現職で働いている人は退職交渉があり、通常、内定通知書を受諾した後に、退職交渉に入ります。

よって現職との交渉次第で、入社予定日は変わることがよくあるからです。

例えば、このような事例を検証してみましょう。

内定通知書を10月25日に発行し、入社予定日を12月1日とした場合を想定してみます。求職者はこの内定通知書を10月30日受諾し、翌日に会社に退職の意向を伝えます。就業規則では、退職希望の1か月前通知となっており、このルールに従えば、11月末日退社し、12月1日に合流が可能となります。

しかし、実際に退職交渉を行うと、現在の仕事量、引き継ぎや後任人事などを考慮し、企業側から11月30日退社は難しいので、12月いっぱい在籍してくれないか、という依頼をされます。その意向を受け、求職者が1月1日付け入社への入社日変更の打診があったとき、どのように対応すべきでしょうか。

①あくまでも12月1日入社にこだわり、求職者の意向を無視する
②希望を考慮する
③別の選択肢を模索する

企業としては①を貫きたいところです。しかし、そこに固執すると内定辞退にまで話が膨らむ可能性も考慮しなければいけません。求職者が現職に退職意向を伝えたとき、多くが引き止められます。そして場合によってはカウンターオファーと呼ばれる、内定通知書よりもよい条件を提示し、慰留に努めることもあるのです。

無理に①を強要すると、現職に残るという選択をしてしまう可能性があるので、無下に強要することは危険かもしれません。

では②にすべきなのか、という点ですが、こちらも簡単には受け入れてはいけないと考えています。求職者は新しい環境で頑張りたいと考えていますが、同時に今までお世話になった会社に対する恩も感じていています。そこにつけ入られる可能性があるのです。

退職交渉の現場を数多くサポートしてきた経験から、求職者は気持ちが揺れるときが必ずあります。今までお世話になった企業を裏切る行為は、少なからず負い目があり、何とか円満に退社したいと願っています。その気持ちを尊重しすぎると、キリがありません。やがて1月1日どころかもっと先に伸ばしてほしいという話にすり替わり、結果、いつ合流できるのかわからない状態になることもあるのです。

以前採用セミナーで、入社日がなかなか決まらないという事例を相談されたことがあります。詳しく伺うと、前述のような状態で、求職者の意向を尊重しすぎた結果、半年以上求人企業が待たされている状況でした。ここまで酷いともはやこの求職者は転職をしないと思いました。よって、③がベストと考えます。内定通知書に記載した入社予定日が難しいという打診があった地点で、求職者と会話をし、その背景などを確認して、譲れるところは譲る、無理なところは断るというメリハリをつけるべきでしょう。

人材確保はとても根気が必要です。ビジネスと捉えれば、交渉は当たり前なので、その交渉を重ねて、お互いよい決断ができる状態を演出する発想を持ちましょう。

第6章　定着率アップで会社を成長させる方法

●せっかく採用しても短期離職では意味がない

離職率で悩んでいる企業がとても多く、採用セミナーでのアンケート結果でも顕著に表れています。これまで募集、書類選考、面接、クロージングを経て入社までの経過に、とても時間と労力、そして費用を費やしてきました。その苦労を経てやっと採用できた人材に短期離職されてしまうほど不幸なことはありません。

「これまでどのくらいお前を採用する費用をかけたと思うんだ！　この裏切り者！」

このように辞めていく社員に対して悪態をつく上司や経営者は跡を絶ちません。日系企業ともなると、上司の査定にも響くので、人材がいなくなることは、自分の評価も悪くなるという、つらい状況に追い込まれてしまう現実が、このような言動を生んでいるのでしょう。

第6章では、なぜ人材は辞めていくのか、どうすれば短期での離職を防ぐことができるのかについて考えていきます。

●なぜ短期離職してしまうのか？

短期離職してしまう理由はさまざまに考えることができます。私が過去にサポートしてきた個人、法人においても、短期離職してしまう人がいましたが、いくつかの傾向があると感じています。

それは採用した企業にも責任があるのですが、その理由については後述します。ここでは個人の理由について紹介していきたいと思います。

まず、働くことに慣れていないという人が挙げられます。朝早く起きて会社に行くということ自体が苦痛という人、仕事がキツイとすぐに投げ出す人、一度仕事をしたらもう満足してしまう人など怠け癖がついている人たちです。

また、夢追型という人たちもいます。芸能活動や資格試験チャレンジなどに代表される、他に目標があり、そのために仕事を優先できないタイプです。例えば、歌手を目指してライブ活動を行っていても、歌手だけでは稼げないから仕方なく仕事をしている人、目標となる資格試験を獲得するために働いているような人たちです。

当然、生活のために仕事をすることはよくあることで、企業としても応援してあげたいと思い、職場を提供していることもあるでしょう。アルバイトであれば企業としても許容し、あらゆることを想定していると思います。

しかし「もう夢は諦めたので、仕事に集中したい」という人の中に、突然、連絡もなく消えてしまう人たちがいるのです。諦めたはずだった夢を、また追い求めているのです。

これらの人材を採用する際は、選考段階で厳しく確認をすることをオススメします。「もう未練はないですか？」という一言は必ず聞いてください。すべての人が当てはまるわけではないのですが、特に人手不足エリアでの採用活動においては、とかく目をつむりがちな層でもあります。

情をかけてチャンスを与えようと考えても、不義にされることはあります。このような人材を採用する際は、想定すべきリスクと捉えてください。

●短期離職が企業側の問題であるとき

意欲ある人材が短期で離職してしまうのは不幸なことです。前述の労働者側の問題は事例として紹介しましたが、他責ではなく自責として捉える必要があります。事実、企業側が問題であるケースは古今東西跡を絶ちません。

これは中小企業だけで起こりうることではなく、すべての企業で確認されているケースなので、自社が当てはまるかどうか、しっかりとチェックしてください。

●短期離職の理由①（採用後、放置している）

新しく入社してきた人は、とても緊張しています。今までの経験値を活かして、早く貢献したいと考えている人が多いのですが、その意欲に反し、仕事を割り当てず放置する企業が意外と多いことが問題となっています。

上司も言い分があると思います。忙しい仕事をこなすことで精一杯、転職者に声をかける時間がない。とりあえずこの仕事をこなしてから対応しよう、と思っています。

しかしそのような上司を見ている転職者は、放置されていると大変がっかりします。私も経験がありますが、何をしたらよいかと声をかけても、「ちょっと待って」と言うばかりで、その待機している時間が本当に無駄であると思っていました。挙げ句、退社時間になって、「この仕事をやってほしい」という依頼があると、企業の体制について疑問を持ってしまいます。

迎え入れる体制がしっかりと整った企業では、導入研修などがしっかりと組まれていて、決して放置するような無駄は行いません。

求職者は、はじめの頃は気が張って素直に捉えますが、1か月もすると会社のレベルを見極め、「この転職は失敗だったかも」と焦ってしまうのです。入社後1か月程度では、転職活動時に応募した企業とのコネクションがまだ生きており、「そのような会社ならうちにこないか？」と声をかけられる可能性があります。これではお互いわかり合えぬままの別れとなってしまいますので、気をつけたいところです。

●短期離職の理由②（採用時と違う条件の仕事をさせる）

求人票に記載された職種や違う仕事をあてがわれると、求職者は短期離職を考えます。メンバーシップ型の企業では、就社という概念が強いため、いったん採用すれば、会社の都合で配属を決めてよい、と考える傾向が根強いと感じます。

転職マーケットは、ジョブ型でキャリア形成を考える傾向が強いため、応募職種とは違う職種、仕事をあてがわれると、いわば「死刑宣告」を受けたと考え、早く軌道修正をしたいと考えます。

正社員の地位は強いのですが、その反面いったん雇えば、その地位を保証に、好き勝手に配属することが日本企業の伝統でした。しかし、もはやその考えは古く、そのような企業は、求職者から選ばれない会社になっています。これは企業が考える以上に深刻なケースなので、是非注意してください。

●短期離職の理由③（採用時に求人票よりも低い給与を提示した）

求職者が内定を得たときに、求人票に記載されていた年収よりも低いケースがこれに当たります。ではなぜ内定を受諾したのか、という疑問が湧いてくると思いますが、内定を受諾したものの、納得してないというわだかまりが入社後に爆発するのです。

例えば、求人票に記載された条件を下回るオファーを出されたとき、求職者は「足元をみられた！」という屈辱で満ちています。選択の余地がない求職者であれば、内定は喉から手が出るくらい欲しいものです。そのため、自分の置かれた状況では交渉ができないから、この低い条件の提示をされたのか、という不満を抱えて「とりあえず内定受諾する」のです。

このような人は、入社後も転職活動を止めていません。そして現職よりもよい条件が得られれば、躊躇なく短期離職します。

「いったん受諾しておいて、不義理な人だ！」と思うかもしれませんが、その人にも生活があり、キャリアがあります。求職者の足元をみて低い条件を提示したのであれば、短期離職されても文句はいえないのです。それが嫌であれば、しっかり評価した条件を出し、求職者が納得する給与を提示してください。

●短期離職の理由④（非正規雇用で採用されたため）

正規雇用での採用は、企業側も大きなリスクが伴います。日本の厳しい労働法では、いったん採用したら解雇することは容易ではありません。その背景もあり、日本ではパート・アルバイト・派遣社員などの非正規雇用がなくならないのです。

そのため、契約社員や準社員などの制度を設け、将来の正社員雇用をちらつかせて、求職者を囲い込むという手段を講じる企業があります。いきなり正規雇用では企業側のリスクが大きいため、いざというときのために雇用中止ができやすいこれら制度を活用するのです。当然合法ですし、パフォーマンスがイマイチな人を無理なく辞めさせることもできる、とてもよい制度と考えられます。

しかし求職者側もしたたかです。これからジョブ型人材が主流となることを想定した場合、経験値を積むことを目的に契約社員でもよいと考え、とりあえず入社することも想定されます。そのような人たちは、経験さえ積めれば、よりよい条件を求め、短期離職をするのです。

採用時に正規雇用でなく、非正規で採用すると企業に対するロイヤリティも決して高くありません。不安定な身分で都合よく採用していたわけなので、労働者側も自己都合をかなり優先します。

このような展開も想定しておかないと、せっかく良い人材に育て、正規雇用を検討しても、その前に他社に転職されてしまうのです。

●契約社員採用は、正社員登用の条件を数字で示す

このように企業の都合で非正規社員として雇用した人に対しては、正規登用する条件をしっかりと数字で示し、フェアな選考を明示することは大切です。場当たり的な正社員登用試験は本当に意味がありません。仕事で結果を出している人ならば、そのパフォーマンスだけで判断すべきです。

正社員登用制度有り、という企業でも、実際運用されていない企業もあります。そのような企業についての悪評は、人材マーケットではあっという間に広がっていきます。

●短期離職の理由⑤（人事評価に対するフィードバックがない）

離職を考えている求職者は、フェアに評価されていないことに不満を持っています。人事評価制度があっても、フィードバックを入れない企業も多く、自分の仕事はどのくらい評価されていたのかがわからない社員はとても多いのです。

そのようなフィードバックをするコミュニケーションの場が絶対的に不足している企業は、日本人独特の、「空気を読む」「以心伝心」「察する」という習慣に頼りすぎている傾向があります。

しかし、言葉として発しなければ、部下には通じません。自分の部下ならわかってくれるはず、と考えているようでは、部下は新しい環境を求め転職してしまいます。

会社として、人事評価に対するフィードバックを持つ機会は必ず設けるべきでしょう。

●人事考課面談の内容

人事考課面談の主な内容は以下となります。

◆頻度：半期・四半期に一度
◆時間：最短5分程度から
◆対象：直属の上司から対象となる部下へ
◆テーマ：期の初めに設定した目標の達成度に対する評価
◆目的：目標設定などに対するフィードバックを行う

◆反映性：昇給・昇格・賞与・人事考査

これらの情報は、部下としてはとても気になることばかりです。特に昇給・昇格・ボーナスなどは、生活に直結しますし、上司から自分はどう評価されているのかを知る上でもとても重要です。まだ導入できていない企業は必ず設けるべき面談でしょう。

●短期離職の理由⑥（上司とのコミュニケーション不足）

前述のようなパフォーマンスに対する評価の機会は最低限必要なコミュニケーションですが、やはり同じ職場で仕事をする者同士、日頃からのコミュニケーションが不足していることはよくありません。

かつてのような社内イベントや就業後の飲み会交流などが少なくなっている状況に、さらにテレワークが進んでいくと、上司部下のコミュニケーションは必然不足してしまいます。

上司目線で考えれば、部下は複数名いて、一人ひとりが何を考えているのかわからない状態、部下目線で考えれば、上司は自分のことなど気にもかけていない様子、となってしまいます。

上司に評価されていないと考えたとき、部下は転職を考えます。それを防ぐために有効とされているのが、1on1ミーティングです。

●1on1ミーティングを定例化する

そのようなことを解決するため、人事考課面談とは別に、「1on1ミーティングの定例化」も有効であるといわれています。ヤフーなど多くの企業で導入されており、効果を発揮しています。

1on1ミーティングの内容は以下となります。

◆頻度：毎週、隔週、月1回など定例化する
◆時間：最短30分〜1時間程度
◆対象：直属の上司から対象部下
◆テーマ：キャリア、悩み、人間関係など多岐にわたる
◆目的：部下育成、職場環境整備、上司と部下のコミュニケーション
◆必要なスキル：コーチング、カウンセリング、キャリアコンサルティング

◆反映性：特になし

目的は、上司・部下のコミュニケーションの時間をつくることです。内容は仕事のこと、それ以外でも構いません。部下が話をしたいことを上司がひたすら傾聴するというものです。上司は大変ですが、部下の考えていることを把握し、コミュニケーションをとることが目的なので、意義深いものです。そして１on１ミーティングは、仕事の一環と捉えてください。ランチや就業後の居酒屋など、食事やお酒が入る仕事外の場所はご法度となります。就業時間内に、１か月に２度、３度など定例化し、忙しくても優先し、必ず行うことが要件です。

●１on１ミーティングでのダメな対応とは？

１on１ミーティングというと居酒屋などの上司が一方的に話をし、部下を叱咤激励する「赤ちょうちん文化」と勘違いする人がいます。

「俺は上司に居酒屋で教えられた」という上司は多く、同じようなことをしようと考える人がいます。しかし前述のように、仕事の一環として導入されるものなので、就業内に、アルコールなどが入っていない状況で行われなければいけないものです。まずその点を理解してください。

その他にも以下のダメな対応にならないよう注意してください。

◆質問攻めをする（なぜ、どうして）
◆主観を押しつける（そんな考えでは通用しない）
◆問題解決を図る（要するに）
◆自分の経験を話す（俺も同じようなことがあって）
◆部下を否定する（だからお前はダメなんだ）

1on1ミーティングは上司のレクチャーを受ける場ではありませんので注意してください。

●1on1の基本的な考えは信頼関係の構築

1on1ミーティングでは、あくまでも信頼関係を構築することが目的となります。そして上司の主観や経験談で問題解決を図るのではなく、部下が、自分から悩みに気づき、解決する方向性を見つけるための機会であると捉えてください。

このように説明すると必ず「部下の悩みを解決してあげることがなぜ問題なのか？」と疑問を持たれる人がいます。確かに経験豊富な上司は、部下の悩みを聞くと、過去自分も同じことで悩んだことがあると感じ、アドバイスをしたくなります。こうすれば簡単に解決できると指示的に問題解決をしたくなるのです。

でも部下からすると、深く悩んでいることを簡単な一言で解決されても、モヤモヤは晴れないものです。「そんなことはわかっている。わかっているんだけど……」ということがあるのです。

「その程度で悩んでどうする？　しっかりしろ！」

そのような言葉を聞くと、部下はあなたに対して今後悩みを話すことがなくなってしまい、やがて上司として見捨てられてしまうのです。

●知情意から考えてみる

「知情意」は、哲学者カントが唱えたものですが、相手の考えを把握することに有効な手段とされています。

◆知：相手が何を考えているのかを捉える
◆情：相手の感情を捉える（喜怒哀楽）
◆意：どうしたいのか、を捉える（意思）

部下の話をひたすら傾聴する際、この「知情意」を使って部下の悩みを把握するのです。例えば、営業成績が伸びないと悩んでいる部下がいて、それが行動力不足と言及していれば、「営業成績が伸びない理由は行動力不足と考えているんだね」と捉えることができます。

そして営業成績が伸びないことが「悔しい」「悲しい」「情けない」などの感情で表現されていれば、その感情を捉えます。そのあたりの状況を把握して、「どうしていきたいのか」という点も部下の口から発せられるまで待つのです。

上司からすれば、非常にまどろっこしく、面倒な作業かもしれませんが、そのくらい、じっくりと時間をかけて話し合うことが大切なのです。

●期待される効果と副次的効果

このような対応を１on１ミーティングで行うと、上司と部下の信頼関係が構築されます。そしてそれが会社と社員のエンゲージメント（絆・愛着）へと結びつき、長期雇用につながることが期待できます。

「誰もが均等に話す機会があること」「自由に意見が言える」「否定されない」ということは、心理的安全性が得られるといわれます。

そしてさらに、副次的効果として以下のようなものが挙げられます。

◆アジリティ（俊敏さ）、スピードが向上する
◆意欲が向上する
◆スキルアップにつながる
◆理念・戦略の理解（方向性の一致）
◆問題の早期発見・対処
◆リテンション（人材維持・離職防止）

１on１ミーティングはそのような離職防止だけでなく、社員スキルの向上だけでなく、上司とし

ての成長も期待できるのです。

●コーチングは信頼関係が必須なので注意が必要

この1on1ミーティングは傾聴することが大切と伝えてきましたが、傾聴した結果、「この部下の悩みはこうだ」と短時間で問題解決するような上司がいます。

その際、部下の悩みに対する質問に対し、質問で返す「コーチング」の手法を使って問題解決を図ろうとする人がいますが、この点については大いに注意が必要です。

例えば部下が「営業成績が伸びなくて悩んでいる」と言ったときに「営業成績が伸びないのは何でだと思う？」という質問をするのです。続けて「おそらく行動力が足りないからだと思います」と部下が言うと、「行動力が足りないのはなぜ？」となります。要するに、質問に質問を返すコーチング手法は、部下をコーナーに追い詰めて、強いストレスをかけている状況と捉えることができます。

部下は自分が何について悩んでいるのか、不安に思っているのかを指摘されるまでもなくわかっていて、話を聞いてほしいという気持ちが強いと前述しました。それなのに上司から指示的に問題解決される対応をされると反感を持ってしまう可能性が高いのです。

コーチングは問題把握と解決に有効な手法として用いられていますが、上司部下の信頼関係があることが大前提です。まだ信頼関係も構築できていない段階で使ってしまうと、よかれと思ったアドバイスが仇となり、結果信頼関係が崩壊してしまうことになりかねません。

あの上司は話を聞いてくれない、一緒に働いていても面白くないなどと考え、短期離職へとつながっていくことが懸念されます。忙しい上司にとってゆっくり時間をかけて、答えをすぐに出さない傾聴の姿勢は、一見不毛な時間と考える人がいますが、その発想は捨てたほうがよいのです。

●一度自分が相談者になればわかる

問題解決を図ることは、直線的で有効と考えている方は、是非自分が相談者となって悩みを聞いてもらってください。

サラリーマンとして仕事をする上で、辛いこと、理不尽なこと、やりきれないこと、不甲斐ないことなどは山ほどあります。その辛い状況を聴いてくれる誰かがいたとき、そしてその悩みに寄り添い、共感してくれる人が現れたとき、とても嬉しい感情が湧き上がってくるはずです。

世の中、他人の話を親身に聞いてくれるような人はほとんどいません。その状況を考えれば、自分の話を聞いてくれる1 on 1ミーティングという機会は非常に貴重なものです。

誰かに相談し、共感を持ってもらうと、本当に癒やされます。

●ジョブ型雇用は、雇用の流動化を生む（採りやすく、辞められやすい）

このように短期離職を防ぐための手段について言及してきましたが、ジョブ型雇用が進むと、雇用の流動化も進むことが予想されます。

会社を辞める理由は、嫌で辞めることが一般的でしたが、今後は、次のキャリアを求めて辞めていく、という事象が当たり前になっていきます。これまで、中途採用の現場では、すでにジョブ型人材が活用されていることについて言及してきましたが、日系大手企業でも制度として導入することが進めば、転職先が増えることを意味します。

今までは外資系企業とベンチャー企業が中途採用の2大マーケットでしたが、これからはすべての企業が対象となります。そうなると、3年程度勤務した後、次の機会を求めることが当たり前となり、従業員が定着することを前提としない発想を持たなければいけないでしょう。

今までは人材が定着しない企業は、「魅力がない、乏しい企業」という烙印が押されてしまいがちでしたが、今後は魅力ある企業でも辞めていく人が出てくるのです。

●定着してほしい人材の流出を防ぐ

このようにいくら企業として魅力があっても、人材は定着しないとすれば、企業としても戦略を練らなければいけません。そこで重要なことが定着の定義となりますが、今後はこのように考えるべきでしょう。

「活躍している人材の離職を防ぐこと」

必ずしも定着率が高く、離職率が低い会社がよいわけではありません。辞めてほしくない人材をどう定着させるのかが課題となるのです。

そのための弊害になるのが、従来の日本型雇用「メンバーシップ型」となります。年功序列、社内異動、新卒採用重視、外様社員への差別などは根絶されるべき悪習となるはずです。

雇用の流動化が始まれば、欲しい人材が「JD」によって定義されます。そうすると「JD」に記載されたプロ意識の高い人材が集まってくるので、待遇面での格差は出てくるでしょう。プロパー社員を盲目的に優遇すること自体、無意味になり、実力と結果で評価する組織をつくっていくことになります。

●辞めていく社員に対する対応

このように社内で残って欲しい人材とそうでない人材の評価における格差を出すことで、評価されていないと考える人材の離職は進むでしょう。「メンバーシップ型雇用」の場合は、会社にロイヤリティを持たせることで社員の専門性を奪い、離職防止を行っていた企業であっても、「ジョブ型雇用」に切り替えれば、専門性を持つ社員の離職は進んでいきますので、リストラは容易になっていくでしょう。

外資系企業などは、自分の専門領域が異動により奪われることを極度に恐れますので、自分で他社への転職を自発的に模索するのですが、これからはそれが当たり前になっていくのです。

しかし同時に、辞めてほしくない人材であっても、流出は防げなくなります。そのとき、どのような対応をするのかが問われていきます。

●「裏切り者」という文化と働かない社員の一掃を

日本企業を辞めると、「裏切り者」扱いを受けることが多いでしょう。「ここまで育てたのに、恩返しする前に辞めるのか？」などと言い、退職者に対する対応が極端に冷たいのが日本企業の特徴といわれています。

「会社は家族」という言葉がよくいわれ、社員とその家族も含めた交流がかつての日本企業の美徳でもありました。しかし時代は変わり、日本の競争力が極端に落ち込む中、その原因としてこの「会社は家族」という発想が挙げられています。

会社に対する忠誠心は期待できますが、「機会不平等・結果平等」の文化は、仕事を如何に楽にして安全策をとるのかに焦点が当たってしまい、チャレンジして失敗することを極端に恐れる文化を生んでしまいました。

「前例がない」という思考停止上司や、仕事もなく一日中社内をフラフラする「妖精おじさん」、常にデスクとタバコ室を往復する「蛍族」など社内失業者が溢れている高給取りが若者の意欲を阻害している状況が続いています。「ジョブ型雇用」はこれら社員を一掃するチャンスでもあるのです。

●辞めていく社員に対して懐深い対応を

よく外資系企業の転職サポートをしていると、内定時にリファレンスチェックを求められることがあります。これは過去に働いたことがある上司や同僚の評価を得たいと考える求人企業が求めるもので、スタッフレベルでは2名程度、管理職以上は3名程度以上が求められます。

このようなとき、多くの求職者は人選に困ってしまいます。当然現職の上司には相談はできませんが、過去の上司などもなかなか思い当たらないのです。その背景には会社を辞めると「裏切り者」と呼ばれる文化があるからですが、如何に日本人の人付き合いが表層的なものかがわかる瞬間です。

外国人は、会社にいるときはライバルで、切磋琢磨を超えるような人間関係で競い合います。私も経験がありますが、本当にこれほど人を憎んだことがあるだろうか、と思うくらい、エグい競争が繰り広げられることもあります。

しかし、会社を辞めたら「ノーサイド」で、かつての戦友として普通に話すことができるのです。この感覚は日本人にはわからないのですが、おそらく彼らは基本的にわかり合えないことを前提としているから、自己主張を激しくし、ポジショニングを大切にする気持ちが強いからと考えます。日本人は、以心伝心の文化で、話さずともわかり合える、空気を読む、などでお互いの考えをぶつけ合うことがありません。その結果、辞める人間は「裏切り者」となり、以後疎遠になると感じています。

これから「ジョブ型雇用」になると、辞めた社員が成長してまた戻ってくる可能性があります。人事担当のあなたが、会社を辞めなければいけなくなったときに、辞めたかつての同僚の会社に行くかもしれません。そのような時代に突入していることを自覚し、去っていくものについては温かいエールを送り、また再会する可能性を想定する対応をとることをオススメします。

そしてリファレンスチェックのお願いをされた場合は、快く引き受ける器を持ってください。それはあなた自身が同様の対応をお願いすることも将来的にはあると仮定するとわかりやすいでしょう。

●リファーラルが出る職場づくりを目指す

外資系企業を中心に、リファーラルで人を採用する機会が増えています。優秀な人材の友人・知人は優秀である可能性が高いことについては、すでに言及しておりますが、そのような会社になることを目指してください。

紹介者からすると、自分の知り合いを紹介したことにより、自分に被害を被ることを一番恐れます。友人関係も崩壊しかねないリスクある行動は、当然ながら社員である本人が、是非紹介したい会社と思わなければ成立しないのです。

リファーラルが当たり前のように出る組織づくりは、働きやすいということだけでなく、チャンスを与える、課題が多く短期で成長できる、などメリットが多岐にわたります。

自社のニーズに合わせて欲しい人材に効率的にタッチできる環境を整備すれば、採用にかかるコストも大きく抑えられます。さらに、活躍する確度の高い人材であれば、企業のメリットは計りしれません。

そのための職場づくりに是非注力してください。

あとがき

新型コロナウイルスの影響で、超売り手市場から買い手市場へとシフトすると思われている中で、実は転職マーケットは健全化に向かっているということをこれまで述べてきました。

短期的には経済停滞の影響で、求人案件数は減少していくでしょう。しかし、やがて新型コロナウイルスが落ち着けば、必然、求人案件は増えていき、また人手不足・人材不足となることは火を見るより明らかです。目先の事象に左右され、せっかくのチャンスを棒に振ることになればとても残念なことです。

同時に、緊急事態宣言に端を発した自粛ムードの影響で、テレワークが積極導入され、働き方に大きな変容がみられています。今までは会社に出社し、得意先に訪問し、会議は対面で行うという当たり前の日常が、今後は非日常へとシフトしていきます。不要不急の場面が、実際の労働環境にも大きく影響を及ぼしているということです。

アルファベットの「K」が今後のキーワードといわれています。一度経済の停滞で落ち込むが、新しい変化に対応できる産業や企業は上方向へ、変化に対応できない産業や企業は下方向へと進んでいくことを象徴したものですが、皆さんの会社はどちらになるでしょうか。

現在は「新しい日常への移行期」といわれていますが、今後は適応期へと進み、変化できない企業は衰退してしまいます。例えば、人の移動が制限されることで、輸送関連事業は今まで通りにはいかないと考えられます。出社や出張の機会がウェブ会議で解決できるならば、これらは不要不急のカテゴリーに該当します。輸送関連事業が衰退すれば、都心部でサラリーマン相手に商売をしていた飲食、宿泊、不動産、小売などの産業も大きく影響を受けるでしょう。

これが一過性のものなのか、恒久的なものなのかは、神のみぞ知るところですが、少なくとも、新しい日常への対応を怠った企業は今後人材が集まらないことは容易に想像できます。

本書では人手不足と人材不足の定義から考える採用戦略にフォーカスを当ててきましたが、ただ人を採用するというだけでなく、採用に対する姿勢について真剣に考えることもテーマとして投げかけさせていただきました。

人がいない、広告を出す、採用するが短期で退職される、そしてまた採用をする、という負のスパイラルから、中長期を見据えた採用戦略を構築することで、人材から選ばれる企業として成長することができます。

私はキャリア相談やユーチューブ動画などを通じて、求職者との情報交換を日常的に行っています。相談者は、日系や外資系の大手企業で活躍される方から、成長中のベンチャー企業、地方の中小企業など多岐にわたり、年齢層もジュニア層からシニア層まで幅広く対応しています。その相談は、如何にして優良な企業を見極めることができるか、自分自身のキャリアを構築できる働き方ができるかなど、新しい時代を見据えた働き方戦略についての内容となっています。

働く側の意識が変化し、如何にして人材として成長できるのかを真剣に考えている層を、今後どれだけ取り込めるのかが企業の運命を左右します。今までの新卒一括採用にこだわり、変化を拒む会社は、ジョブ型雇用推進により雇用の流動化が進む労働市場に対応することができません。労働者側が企業と対等な地位を獲得できる状態になれば、人材を確保できる企業とできない企業の二極化が大きく進むでしょう。

時代に取り残された過去の会社にならないために、このコロナ禍で起こっている事象を正しく捉え、優秀な人材を確保できる会社になってほしいと願っています。人材を広く活用できる会社が増えれば、必然、日本の競争力も上がっていくことも期待できます。

優秀な人材を当たり前のように確保できる企業となったとき、その過程において、本書がその一助になったとすればこの上ない幸せです。

小林 毅（こばやし たけし）
人材コンサルタント。住宅メーカー、パナソニック、外資系ヘッドハント会社を経て、2010年にホライズン・コンサルティング株式会社を設立。法務系人材を中心とした人材紹介業・求職者支援活動および企業向け採用コンサルティングを行い、『失敗しない転職活動』、『お金を掛けない低コスト採用の実現』、『職場定着する組織のあり方』などの活動を行う。著書に『成功する転職「5%」の法則』（自由国民社)、『転職大全』（朝日新聞出版）がある。Youtube『キャリアホライズンチャンネル』を運営。

ジョブ型雇用と採用戦略

2021年2月28日 第1刷発行

著　　者｜小林　毅
発 行 者｜千葉 弘志
発 行 所｜株式会社ベストブック
〒106-0041 東京都港区麻布台3-4-11
麻布エスビル3階
03（3583）9762（代表）
〒106-0041 東京都港区麻布台3-1-5
日ノ樹ビル5階
03（3585）4459（販売部）
http://www.bestbookweb.com
印刷・製本｜中央精版印刷株式会社
装　　丁｜町田貴宏

ISBN978-4-8314-0242-4 C0034